中国が支配する世界

パクス・シニカへの未来年表

Enter the Dragon

目次

第2部〈歴史年表篇〉「世界一の国家」へ100年計画

序章　考えたくない未来図

過去への逆走

海外からやってきた人物との話が終わって、別れ際に、いつも聞いてみたくなる質問がある。それは自問のように、「世界の人々は、到来するパクス・シニカに耐えられるだろうか?」と囁《ささや》いてみるのだ。パクス・シニカとは古代中国の覇権を意味しており、パクス・アメリカーナ（アメリカによる平和）に代わる、中国による今後の世界支配をイメージしている。

その問いに、外交安全保障の研究者たちは顔をこわばらせ、経済合理主義のエコノミストは困惑する。中国の13億8０００万人という巨大市場は、世界の貿易ルールを塗り替えるのに十分な規模であるし、自己中心的な彼らとの付き合いの難しさも知っている。そして、どの国にとっても、巨大な大陸国家との関係が国益に直結するところから、何らかの配慮を強《し》いられることになる。そう遠くない将来に、中国が経済力と軍事力を増大させ、その巨大パワーによって国際規範や国際常識を覆《くつがえ》そうとすることへの不安感や忌避感である。

その中国が、2018年3月の国会にあたる全国人民代表大会（全人代）で、専制政治から独裁制へと歴史を逆走させた。習近平国家主席はこの全人代で、自らの任期「2期10年」の上限を撤廃して「終身主席」を可能にした。彼が望む限り国家主席の座に居座り続け、中国の最高指導者として毛沢東以来の絶大な権力をその手に握ったのである（The Economist, March 3, 2018）。反対勢力は口をつぐみ、習の失策を待って反転を狙う。

1979年、中国が経済改革を始めて以来、徐々にではあるが、この国が民主化へ向かって歩み始めていくとの期待があった。一人当たりの所得が上昇すれば、中産階層が政治的な権利を求めて改革の主役に躍り出る。アメリカの学者ヘンリー・ローウェンは、実際にインドネシアやマレーシアなどアジア諸国が権威主義から移行するときの一人当たりのGDP（国内総生産）の水準を計測し、過去の事例と中国の成長率の見通しを加味して、中国が2015年には民主主義に変容するとまで予測していた（アーロン・フリードバーグ『支配への競争』日本評論社、62〜63頁）。

しかし、実際には民主主義への道は長く険しいものであった。むしろ巨大な共産党組織は中産階層のそうした動きを成長の果実で満足度を高めて抑え、従わなければ抑圧で応じた。底辺から湧き上がる社会不満に直面した赤い支配者は、ソ連崩壊で朽ちゆくイデオロギーの代わりにナショナリズムに訴えかけた。愛国主義をあおり、国家の敵をスケープゴートに緊張を高め、13億8000万人を一体化させることに成功した。次に描くのは、未来に向けた「中華民族の夢」へと誘うことであろう。人々を豊かにするだけでは、やがて共産党の国内統治が難しくなるとの保身から出た知恵である。

2049年へ「三段階戦略」

全人代を迎えたその日、演壇の習近平は人民大会堂に集《つど》った2962人を前に、「党政軍民学と東西南北中の一切を党が指導する」と宣言した。これは習自身が紡《つむ》いだ言葉ではない。絶対権力を握っていた毛沢東の語っていた言葉である。ここでいう「党」とは、実際には習自身に置き換えられ、「一切を習が指導する」と述べたのと同義であった。

その布石は、前年の2017年10月18日に開催された中国共産党大会（5年に一度開催）で着実に打たれていた。習近平主席は3時間20分超の大演説で、大国化を切り開いた鄧小平路線から鮮やかに離脱し、アメリカを凌駕《りょうが》する「現代化強国」を築くことを宣言していた。彼はそのためのステップを三つに分ける「三段階戦略」を描いてみせた。

第一段階は、一つ目の奮闘目標を2021年の「中国共産党の創設100年」におき、その前年をゆとりある社会を築く小康社会への決勝期とした。第二段階は、中間目標とする２０３５年に社会主義現代化を実現し、そして第三段階は、二つ目の奮闘目標とする２０４９年の「建国１００年」であり、ここで社会主義現代化強国にのし上がる。

憲法改正で長期政権を可能にした独裁権力が、世界覇権を握るための「パクス・シニカへの工程表」を開示したのである。この公式見解を平たく言うと、２０２１年までにあらゆる分野で日本を追い抜いてアジアのナンバー１になり、新たに中間目標として設定した２０３５年にアジア・ユーラシアのナンバー１に、仕上げの２０４９年にアメリカを抜いて、名実ともに世界のナンバー１になるとの決意だ。

習がこの世界ナンバー1を意味する「現代化強国」に名乗りを上げた２０１７年が、アメリカにとっても象徴的な年であった。実は、アメリカが「パクス・アメリカーナ」に名乗りを上げてちょうど１００年という節目の年にあたったのだ。１９１７年４月にウッドロー・ウィルソン大統領が、第一次大戦への参戦の決意を語り、勢力均衡に頼らない国際秩序を目指すことを高らかに宣言した。この1世紀の間、世界はその理想主義を掲げたアメリカに率いられてきたといってもよい（中西輝政『アメリカ帝国衰亡論・序説』幻冬舎、58～59頁）。

この間に、アメリカは並ぶ者のないほどの経済力で世界の問題を処理するという贅沢《ぜいたく》を享受してきた。しかし、一杯に膨らんだ財布といえども、いつかは減っていくものである。中には無駄遣いもあって、１９８０年代には世界最大の債務国に転落してしまった。なんとか立て直したものの、追いかけてくる諸国家が成長してくれれば、相対的な衰退は避けえないものであろう。

あの「新時代の中国の特色ある社会主義」を掲げた3時間20分超の習近平演説は、アメリカに代わって中国の時代が到来する予感を鮮烈に印象づけたのである。しかし、習の演説には、ウィルソンのような国際社会を鼓舞する未来志向の理想主義や国際協調の明るさがない。

むしろ、鄧小平時代に期待された経済合理主義の理念から歴史が逆回しされ、一部で兆《きざ》しのあった民主化も儒教主義も遠のいた。２０１７年秋の共産党大会の活動報告で、「マルクス主義」という言葉が繰り返されたことを想起すれば明らかだ。習はすべての理念を置き去りにして過去へと逆走し、たちまち強権主義に置き換えてしまった。

彼の眼には、世界秩序をリードしてきたアメリカが、北朝鮮の独裁者に核ミサイルの脅しで劇画のように振り回されている現実が映っていた。威勢のよいトランプ政権が、北朝鮮貿易の9割を占める中国の対北圧力に依存する姿は、パクス・アメリカーナがまるで「見せかけの世界秩序」に堕《だ》してしまったかのようにさえ見えたであろう。

英誌エコノミストは、そのカバーストーリー「西側は何を間違えたか」の論稿で、経済が豊かになれば中国が民主化への道を歩むだろうとの見込みが、すっかり外れてしまったと嘆いていた（The Economist, March 3, 2018）。東アジアで中国と向き合っている日本人としては、「何をいまさら」と、中国に対する彼らのナイーブな認識には驚く。中国が軍事力と経済力を併用して、周辺諸国に工作、威嚇《いかく》、圧力をかけるのはいまに始まったことではない。巧妙な心理戦、世論戦、法律戦の「三戦」を駆使して、着実に彼らだけの利益を誘導してきたではないか。

アジア域外の西側諸国がようやく気付いたことはまだしも救いである。東アジアに台頭した中国は、今後も台湾併合を試みつつ、西太平洋を勢力圏に取り込もうとするだろう。やがて、「パクス・シニカへの工程表」に従って、世界覇権の獲得に挑戦する。国際社会は19世紀型の勢力拡張主義と対峙《たいじ》する覚悟を持たなければならない時代に入った。

華夷秩序のグローバル化

いま、インド太平洋地域で起きている中国と周辺諸国との摩擦、威嚇、衝突、対峙、そして妥協は、この10年のうちに起きている巨大なパワーシフトに起因している。世界を主導してきたアメリカが、アフガニスタンの砂漠を越え、イラクの市街地でテロリストを討伏している間に、中国は無傷のまま海空軍や宇宙戦の能力を高めてきた。

２００８年９月、リーマン・ショック後の金融危機で、「アメリカの衰退」が指摘されると、中国は既存の国際ルールの軌道から大きくはみ出した。金融危機前の中国は、「国際秩序にいかに適応するか」を考えていたが、アメリカ衰退を感じたとたんに、「国際秩序をどう変えさせるか」に変わっていく。

中国指導部はこの時期、外交部門と軍当局の間で、路線をめぐるせめぎあいがあった。戴秉国《たいへいこく》国務委員は中国が先頭に立って覇を求めない「韜光養晦《とうこうようかい》」の平和的発展論を掲げ、逆に、馬暁天《ばぎょうてん》副総参謀長が主体的な行動の必要性を強調する「有所作為」の戦略的チャンス論でしのぎを削っていた。しかし、国力の増大を意識する胡錦濤政権は、勢いのままに「有所作為」に傾斜していく。

時代の「勢い」が中国に有利に働き、アメリカの退潮が予想よりも加速しているとの判断からだ。今後は徐々にドルへの依存度が減少し、アメリカ経済は持ち直したとしても元のような指導力は低下していくと彼らは考えた。習近平政権がその「有所作為」を拡大していく。仮に習がなんらかの政変によって失脚したとしても、中国そのものの「勢い」は変わらないだろう。リーマン・ショックを引き金に、金融危機が深刻化する２０１０年１月には、中国国防大学教授の劉明福《りゅうめいふく》大佐が『中国の夢』を出版して、中国国内でベストセラーになった。

著者の劉は、中華人民共和国の建国から「100年マラソン」を駆け抜け、世界一の強国になった中国が、国際秩序を活性化させる見通しを明示してみせた。アメリカの弱みを研究し、中国の狙いに西側が気づいたら、直《ただ》ちに打倒できるよう準備することを示唆している。「夢」は大きく、意気高く、人々の大国意識を舞い上がらせるのに十分だった。中国を中心とする華夷《かい》秩序のグローバル化によって、すべての道は北京に通じると意識する。

アメリカ国防総省の顧問だったマイケル・ピルズベリーによると、著者の劉は、中国のタカ派の戦略家50人の1人で、そのタカ派路線に沿う中国側文書が同じ2010年に明らかになっている。実は彼のいう100年に及ぶマラソンの「夢」が、その年のうちに、たちまち政府文書になって採用されていた。舞い上がったのは、共産党指導部も同じだった。

それは、共産党中央委員会の外交専門家から中国当局に送られた4ページの機密文書で、「今後10年間に中国が直面する重要な外交政策上の問題は何か?」との問いに答えるものだった。アメリカ政府が入手した文書には、「アメリカの衰退にいかに対処するか」が記され、いくつかの戦術が語られていた。機密文書にはさらに、10年以内に中国がアメリカ経済を追い越すとの予測が綴《つづ》られていたのだ。

その「勢い」を駆って、中国が外に向かって攻撃的になる根拠はほかにもあった。アメリカ国防大学が２０１１年に発行した報告書『力の逆説――不安定な時代における米中の戦略的抑制』の中に、アメリカ政府の「軍事的均衡は中国寄りに傾いた」との報告が引用されていた。中国政府はその著者らがバラク・オバマ政権の中枢に近い人々だったところから、疑いつつも優越感をくすぐられ、時代の転変を実感していた（マイケル・ピルズベリー『China 2049』日経ＢＰ、３０３～３０４頁）。

アメリカの後退を別の視点から観察する日本人研究者もいた。同志社大学の浅野亮教授によれば、これまでのＡＰＥＣ（アジア太平洋経済協力会議）などに加えて、ＡＩＩＢ（アジアインフラ投資銀行）、ＴＰＰ（環太平洋戦略的経済連携協定）など多国間メカニズムの乱立は、「力の移行期」に特有の現象であると分析する。仮にも、新しい覇権国の中国が、国際社会の規範をいっきに破壊することになれば、東アジアだけでなく、国際社会すべての脅威になるだろう（海洋政策研究財団の中国研究会での発言）。

冒頭にあげた安全保障専門家やエコノミストの困惑やため息は、そうした経緯と今後の予測がさせたものだろう。やがて、「中国の夢」「中華民族の偉大な復興」を政治目標に掲げる習近平独裁体制の時代を迎えて、先行きの警戒感はさらに加速していく。歴史の歯車が逆回転をはじめ、中国を支配する共産党が、自らに合わせて世界の姿すら変えようとしていく。

「2016年の衝撃」

アメリカをはじめとする主要先進国の後退は、2016年に顕著な形で表れた。6月23日に、イギリスが国民投票で決定した「EU離脱」が、その先駆けとなった。続く11月8日にはアメリカ大統領選挙で、「アメリカ第一主義」のドナルド・トランプ大統領が逆転勝利で誕生した。ともに、当初の予想を覆す政治変化で、世界の潮目が変わったとの印象を与えた。

経済のグローバリゼーションは、40年近くも前の1979年に就任したマーガレット・サッチャー英首相がその先陣を切って旗を振ったはずである。その2年後にはロナルド・レーガン米政権が誕生して、サッチャー路線を全面展開させていった。動機はもちろん、覇気を失いつつあった国力の復興である。しかし、新自由主義を徹底していくと社会的な強者はさらに強くなり、弱者はさらに弱くなって経済格差が拡大する。

人々の不満は、世界の統治システムである民主主義を揺さぶった。ヨーロッパでは反移民とポピュリズムが結びついて、それまでは、ごく少数に過ぎなかった右派勢力が台頭してきた。ついに行き着くところまで行き着いて、あの「2016年の衝撃」という転換点を迎えたのだ。イギリスが「EU離脱」でグローバリゼーションの旗を巻き始め、アメリカもまた「アメリカ第一主義」でそれに続いた（佐藤けんいち『ビジネスパーソンのための近現代史の読み方』Discover21、46〜47頁）。

グローバル化が地球の隅々にまで行き渡った結果、逆にネーション（国民国家）の論理が再浮上してきた。とくに、民主主義の司祭を任じるアメリカが活力を失い、代わりに独裁的な権威主義統治が浮上してきた。共産党の一党独裁体制の中国や、冷戦で敗北したはずのロシアが台頭し、トルコでエルドアン政権が、オスマン帝国のような大国ナショナリズムに訴えて支持をのばした。

すると、元来「チャイナ・ファースト」である中国が、対極にある多国間協調主義のフリをしながら影響力を拡大する逆説が起きた。凋落《ちょうらく》する民主主義に代わって、一部では中国の社会主義統治モデルが世界に拡散を始めた。ロシア、トルコ、カンボジアでも、中国にならって「強国独裁」を目指す政権が国民の民主化要求を圧倒している。

アングロサクソンが巻き終えた自由主義の旗に代わって、中国が広げ始めたグローバリゼーションの旗は、中国を頂点とする「華夷秩序の旗」であろう。

実はこの年7月、フィリピンが国際仲裁裁判所に提訴した南シナ海問題の裁定で、大敗を喫した中国が、「紙屑《かみくず》に過ぎない」と国際法規に挑戦状をたたきつけていた。このクロ裁定は、南シナ海の独り占めを主張する中国の九段線論を「法的根拠なし」として退け、係争海域のスプラトリー諸島やスカボロー礁が「島」の要件を満たしていないと断罪していたのである。

ところが、中国はアメリカが主導した戦後秩序の旗を引き千切《ちぎ》って、独自に権威主義の旗を掲げようとしていた。『中国の夢』がいう建国から100年をかけたマラソンレースで、終着の2049年には「地球上でもっとも高潔な強国、すなわち中国が勝者になる」との傲慢《ごうまん》がそうさせるのだろう。欧米勢力を凌《しの》いで、大中華圏を目指すパクス・シニカへの予兆である。

陰鬱なオーウェルの世界

戦後世界を率いたアメリカの変化は、オバマ前政権が「戦略的忍耐」を掲げて自らの内向きの姿勢を正当化し、続く視野の狭いトランプ政権の「取引外交」には、国際秩序を引き継ぐ強固な意志が見られなかった。アメリカの指導力が低下すれば、西太平洋には自動的に「力の空白」が生まれ、その空白を誰かが埋めようとする。世界をぐるりと見渡せば、それを埋めようとする中国の拡張主義があった。

アメリカの調査機関ユーラシア・グループのイアン・ブレマー氏がいう「China loves vacuum」である。「中国は空白がお好き」とは、言いえて妙である。例えば、1992年にアメリカ軍がフィリピンから撤退すると、中国はすかさず南シナ海に進出し、1995年にはフィリピンのミスチーフ環礁を占拠した。このとき、大国のパワーバランスに敏感な都市国家のシンガポールは、間髪容《かんはつい》れずに補強の手を打った。フィリピンとは逆に、アメリカの原子力空母が直に横付けできるよう自国のチャンギ海軍基地を整備して、空白が生まれないように整えた。アメリカとの軍事的な結びつきを固めることによる対中ヘッジ（備え）戦略である。著者はこの頃、移動特派員としてシンガポールを基点に取材活動をしており、この埋め立て作業をたびたび目撃している。バイクを駆って海岸沿いを走り、チャンギ空港を回り込むと、荒涼とした風景の中で重機がうなりを上げていた。

そのブレマー氏は2018年のリスク10のトップに中国を位置付けて、「国際秩序は解体しつつある」とまで述べている。戦後秩序の何かが壊れそうなリスクが顕在化しつつあるからだ。まさに、秩序崩壊の不安が世界を覆《おお》い始めたのである。

世界を率いたアメリカは、確かに、荒っぽくて貪欲《どんよく》ではあるが、勇敢かつ寛大な国家である。日本を含む他の先進国の住民たちとそう違わない自由と民主主義の価値観をもっている。他方の中国は、歴史的な被害者意識をテコとした傲慢さと貪欲さがあり、屈折した優越意識の持ち主とのイメージが強い。なにより、アメリカは「自由」を優先するが、中国は一党独裁体制の「秩序」を重んじる。対外的には前者の開放的な性格に対して、後者が排外的になるのは全体主義にありがちな行動様式である。

そんな中国の覇権主義的な行動を見るにつけ、私はつい「あなたはパクス・シニカに耐えられますか」と繰り返したくなるのだ。驚いたことに、海の向こうから期せずして答えが返ってきた。ヒラリー・クリントン元国務長官が「私は孫たちに中国の支配する世界で暮らすことになってほしくない」(The Atlantic, April 2016)と、正直に心の内を明かしていた。おそらく、彼女は誰よりも率直にアメリカ人の思いを代弁していたのではないか。

それは何も、中国大陸の人々があたりかまわず大声で話し、整列を乱すマナーの悪さに鼻白《はなじろ》んでいるからという理由だけではない。むしろヒラリー発言は、パクス・シニカがもつ全体主義の権威や序列が、個人の自由、民主主義、法の支配を阻害する居心地の悪さに起因しているのではないか。中国の国内で、言論の自由を抑圧することはもちろんだが、その網が対外的なプロパガンダで広げられる。

いつの間にか、アメリカ、ヨーロッパ、オーストラリアの政党や政治家をはじめ、大学、シンクタンク、出版社に、チャイナ・マネーが流れ込んでいる実態が次々に明るみに出された。文化や価値の魅力で国力増大をはかる「ソフトパワー」に対し、中国は圧力や工作で外国の意見を操る鋭利な刃「シャープパワー」を駆使している(The Economist, December 14, 2017)。

さらに習近平政権は、中国に進出する日米欧の企業内に至るまで、中国共産党の組織〝細胞〟を設置するよう要求していた。それはまるで、イギリスの作家、ジョージ・オーウェルが描く小説『1984年』の陰鬱《いんうつ》な世界だ。

小説の舞台は、「ビッグ・ブラザー」が率いる少数独裁国家であり、国民は社会主義の名のもとに自由を奪われ、格差や不平等を当然と考える世界であった。国民はすべて党の監視下に置かれ、街中に仕掛けられた集音マイクによって、反政府的な言動を一切封じられる。いまの中国でいうなら、監視カメラには顔認証技術が組み込まれ、警察にはビッグデータが導入され、共産党に都合の悪い批判を阻止するインターネットの監視システムである。ヒラリー発言がますます真実味を帯びてくる。

諸民族の中に聳え立つ

かつて、パクス・ブリタニカ時代を築いたイギリスは、20世紀初めにアメリカに抜かれはしたが、価値観を基本的に共有している両国の覇権交替は、異なる価値観、異なる体制の米中パワーシフト論ほど衝撃的ではなかった。この150年間を取り仕切ってきたのは、大英帝国とアメリカ合衆国の英語文明圏によるパクス・アングロ＝アメリカーナという、ひとつながりの秩序内での変動だったからである（中西輝政『帝国としての中国』東洋経済新報社、250頁）。

ところがいま、米中両国の対外姿勢だけをみても、アメリカの「法による秩序」に対して中国の「序列による調和」は、どこまでいっても交わらない。習近平国家主席はあらゆる肩書を手に入れ、自身の思想まで党規約に盛り込み、個人崇拝を復活させた。毛沢東以来の独裁体制を確立し、古典的な帝国主義への復元に手を染めていく。

その習主席が率いる中国が、中華人民共和国の建国100年にあたる2049年までに、「中華民族は世界の諸民族の中に聳《そび》え立つ」として世界第1位の超大国になることを奮闘目標に掲げたのだ。「諸民族の中に聳え立つ」とは、19世紀帝国主義の古いスローガンである。まるで、ウィルヘルムⅡ世が率いた第一次世界大戦前のドイツ帝国を彷彿《ほうふつ》させる尊大さと危うさに突き動かされている。背景にあるのは、アヘン禁輸を口実に起きたアヘン戦争でイギリスに敗北し、アロー号事件を経て不平等条約を呑まされて以来の「屈辱の世紀」という史観が色濃く残る。

1900年代初頭に、そのイギリスの地理学者、ハルフォード・J・マッキンダー卿は第一次大戦以降、ユーラシア心臓部の支配を試みる強大な国家の野心を説明して、興味深い指摘をしている。新しい勢力が内陸部一帯を支配したとしても、この地域の回転軸としての意味は少しも変わらないと述べたあとで、中国の将来図をこう描いていた。

「おそらく黄禍《おうか》が世界の自由を脅《おびや》かすことになるだろう。というのも、そのばあいは、彼らは広大な大陸の資源を背景にした上、さらにこれに加えて海の正面をもつ結果になるからだ」（マッキンダー「地理学からみた歴史の回転軸」『マッキンダーの地政学』原書房、282頁）

マッキンダーは、中国が巨大な大陸の資源に加えて、海にアクセスできる出入口をもっていることから、ユーラシアの中核地帯にあるロシアには得られない強みをもつことに注目している。地政学の始祖であるマッキンダーの予言が、まるで現代によみがえってきたかのようだ。ロシアがランドパワーであるように、中国は中央アジアへと地歩《ちほ》を固めることのできる大陸国家であり、同時に太平洋の主要な海上交通路にもアクセスできるシーパワーとしての優位性があることを指摘している。

中国の地理的有利さは、やがて習主席の「中国の夢」として、現代版シルクロードの経済圏構想「一帯一路」に結実する。その圧倒的な経済力をもって、海と陸からインフラ投資を伴いながら、西へと拡大させていく。習は「人類共通の運命共同体」という美名の下に、これら経済圏内の国々を華夷秩序の一部として組み込んでいこうとする。

新帝国主義の可能性とその限界

共産党絶対の中国が、アメリカの地政学的な優位性に対抗して国際秩序を変えつつある。

ビジネス思考のトランプ大統領は1時間先のことしか考えないが、習主席は10年の単位でパクス・シニカの構築を目指す。それが、考えたくもない「未来の構図」であっても、ありのままに直視しなければ、次の戦略や戦術を打つことができない。

もちろん、習近平主席が2017年秋の第19回中国共産党大会で打ち上げたビジョンが、そのまま思惑通りに運ぶとは思えない。公共事業と外資と貿易に依存するイビツな経済と、一人っ子政策が生んだ極端な少子高齢化が、いま中国の野心と成長経済に襲いかかろうとしている。習近平の2049年戦略による「成長の逃げ切り策」と、一人っ子政策の負の遺産による「高齢化の追い上げ」が、激しいつば競り合いをみせはじめた。

歴史は必ずしも繰り返さないが、1950年代にも、あのソ連が、やがてアメリカを追い越して世界のグローバル・パワーになると考えられていた時代があった。共産主義イデオロギーがヨーロッパ諸国に浸透し、ソ連経済は年6%近い成長だったのである。世界のGNPに占める割合は、1950年の11%から70年には12・3%に増加した。

ブレジネフ時代は208個師団、550万人の通常兵力を持ち、核戦力でアメリカを追い抜き、ソ連からの東欧向け援助が3倍増となって影響力を拡大させた。しかし、おごるソ連の基本構造に、ジワジワと腐食が進む。一党独裁体制の秘密主義と権力闘争、経済統計の水増しという、どこかの国によく似た体質ではないか。やがて、ソ連崩壊という瓦解《がかい》の道に転げ落ちていったことを思い起こすべきであろう（ジョセフ・ナイ『不滅の大国アメリカ』読売新聞社、132~134頁）。すでに、習の敵対勢力が自己主張を始め、経済状況に対処する政策当局者の能力を奪う可能性がある。

全体主義・中国を待ち受けているのは、栄光か奈落か。イギリスの歴史家エドワード・ギボンの示唆に従えば、衰亡のタネは繁栄の中に潜んでいるのであり、衰亡は繁栄の絶頂に始まる。思慮深いジェームズ・マティス国防長官は、中国の勢力拡張を伴う「一帯一路」構想に対し、この地域はむしろ「多帯多路」なのであって、「いかなる国家の略奪的な経済や威圧の脅威に縛られることがあってはならない」と、アジア諸国に対中結束を呼びかけていた。アメリカが太平洋軍をインド太平洋軍と改称するのも、「変化する国際状況に適応させるためである」と述べている。海を挟んで指呼《しこ》の間にある日本は、経済的な協調路線を歩もうとも、安全保障面では常に最悪の事態を想定しておかなければならない。

中国大陸を共産党が支配する限り、経済的な重商主義と地政学的な修正主義という野心を撤回するとは思えない。人間の自然の営みに反する共産党支配の独裁体制を、権力者と特権階層が無理に維持しようとするからである。中国のような「思想の自由な競争」がない社会では、経験的な事実ですら否定される。その挙げ句に、多くの人びとの悲劇を生み出すことになると警告したのは、分析哲学者のカール・ポパーであった（カール・ポパー

『歴史主義の貧困』中央公論新社、232～233、239頁)。

国際社会もまた、そんなパクス・シニカの時代に耐えられるとは思えない。まして、硬直化した巨大国家のパワーは、強みであると同時に弱みでもある。自然界でいえば、「強者生存」ではなく、「適者生存」が大小にかかわりのない真理であろう。生物学者のチャールズ・ダーウィンの『種の起源』を敷衍《ふえん》すれば、次のようになる。

「もっとも強い者が生き残るのではなく、もっとも賢い者が生き延びるということでもない。唯一生き残ることができるのは、変化にもっともよく適応できる者である」

本書の第1部〈予測年表〉は安全保障、経済、科学技術、そして人口などから「大国の興亡」のその後を俯瞰《ふかん》し、来《きた》るべきパクス・シニカの可能性とその限界を探ることになる。第2部では、中国の強国化・大国化の工程表そのものであった私たちの同時代の〈歴史年表〉を振り返りながら、海洋国家としての日本のありようを自省し、何ができ、何をなすべきなのかを考察する第3部〈日本への処方箋〉へとつなげる。

第1部〈予測年表篇〉

「中国の夢」の世紀

（1章で取りあげる年表上のことがら）

２０１９年　研究開発費がアメリカ抜き世界第1位、特許、商標、インターネット分野も

２０２０年　中国がＧＤＰで世界の5分の1を占め、世界最大の消費市場に
総合国力で世界第2位になる
中国の個人資産がアメリカを追い越す
人民解放軍の「機械化を基本的に実現」
国産空母００１Ａ型「山東」が就役
潜水艦戦力69隻から78隻に増強、次世代弾道ミサイル搭載原潜の建造開始

２０２１年　中国の年金制度が財政逼迫《ひっぱく》から破綻寸前に
中国共産党創設１００年、小康社会の全面的完成
「一帯一路」実施段階に入る（～２０４９年）

第1章　２０２０年という分水嶺

「第1の100年奮闘目標」決勝年、何かが起こる

２０２０年の夏、東京オリンピック・パラリンピック競技が開催され、世界の眼が「ＴＯＫＹＯ」に注がれるだろう。街には五輪旗と東京オリンピックのロゴの入った旗が翻《ひるがえ》り、五輪キャラクターを抱えた子供たちの歓声が絶えず、新しい国立競技場の聖火台には、ギリシャのオリンピアにあるヘラ神殿跡で採火された火が赤々と燃えているはずだ。華やかなスポーツの祭典に世界中から人々が集《つど》う。

この年、海を隔《へだ》てたユーラシア大陸やその沿岸海域で何かが起こる気配がある。半世紀以上も前に初開催された東京オリンピックのときがそうだった。

あれは１９６４年10月10日の東京。世界中の人々が期間中、自国の選手を応援しながら一喜一憂しているときに、大陸の北と南から衝撃的なニュースが飛び込んできた。共産圏のソ連でフルシチョフ首相が突然に解任され、続いて毛沢東率いる中国が初の核実験を強

行した。

とくに、16日の「中国核実験に成功」の知らせは、華やかな東京オリンピックをかき消すショックを世界に広げた。日本がようやく戦後復興を遂げて、世界の主要国に追いつこうとしていたさなかの衝撃波である。このとき、中国による核実験の成功で、日本は否応なく、核をもった大陸国家と向き合わねばならなくなった。

この局面に、日本政府は窮地に立った。広島、長崎に落とされた原爆の悲惨さは、いまだ人びとの記憶に生々しい。この時の日本政府には、限られた政策選択しか残されていない。アメリカに従属して核の傘を求めなければならないか、逆に、中国に接近して中立主義への許しを請うか。あるいは、フランスのピエールマリ・ガロア将軍のいうように、日本自身が核武装の道に踏み込むべきか――。

八方ふさがりのジレンマの中で、日本は厳しい選択を突き付けられていた。後の「パクス・シニカへの処方箋《しょほうせん》」の章で詳述するが、当時の佐藤栄作首相は、オリンピック後の明るい国民的気分の中で、新たな核保有国になった共産主義国にどう対処すべきかを模索していた。日本の「生き残り」を最大化することが、政府にゆだねられた責任であった。佐藤はまもなく、アメリカのリンドン・ジョンソン大統領との直接交渉に臨み「核の傘」による拡大抑止を引き出すことに成功することになる（加瀬みき『大統領宛日本国首相の極秘ファイル』毎日新聞社、１３４〜１４７頁）。

前回のオリンピック東京大会はそんな年だった。では、来《きた》る２０２０年という東京オリンピック・パラリンピックの開催年は、日本にとってどんな困難が待ち受けているのだろうか。

２０２０年は中国にとって、第13次５か年計画の最終年にあたり、同時に「中国共産党の創設１００年」を翌年に控えた勝負の年になる。計画通りに運べば、中国が世界最大の消費市場であるのはもちろん、ＧＤＰ（国内総生産）が世界の５分の１を占めることになる。イギリスの覇権「パクス・ブリタニカ」の時代が世界の４分の１を占めていたから、中国がもう一歩であることを意識するだろう。

中国のＧＤＰは、２０１６年から６・５％を超える成長を見せた。しかし、２０２０年までには６％成長を下回ると予想されている。政治に問われるのは結果だから、習政権の経済チームは必死でかさ上げを図ろうとする（アーサー・クローバー『チャイナ・エコノミー』白桃書房、３１５頁）。

何よりも、中国が主導する「パクス・シニカ」への最初の階段にその歩みを進める年になり、経済運営の失敗は許されない。この年、中国の人々は、東京よりも北京の共産党指導部の聖域「中南海」の動向に焦点を絞っているかもしれない。習近平国家主席が３年前

（２０１７年）の第19回中国共産党大会で、明確な工程表を披露していたからだ。
「われわれは小康社会を全面的に完成させて、１つ目の１００周年の奮闘目標を達成するだけでなく、その勢いに乗って社会主義現代化国家の全面的建設に向けた新たな征途につき、２つ目の１００周年の奮闘目標を目指して突き進まなければならない」

「２つ目の１００年奮闘目標」への工程表

習近平主席は１つ目の１００年奮闘目標を２０２１年の「中国共産党の創設１００年」におき、その前年にあたる２０２０年までを「小康社会の全面的完成の決勝期」と位置付けていた。公約通りに、目標を達成したことを誇大に宣伝し、人民には次の２０３５年に向けた奮闘努力を求めよう。しかし同時に、経済格差の方は隠しようもなく、年金など社会保障への手当てが間に合わないまま、一部では不満も爆発しかねない状況がやってくる。その場合、習政権はこれを巧みに外にそらさなければならなくなる。

中国はその政治的な理由により、オリンピック・パラリンピック開催国の日本以上に、国家を挙げてスポーツ選手の育成に取り組んできた。狙うのは、ライバル超大国のアメリカを凌《しの》ぐだけの中国選手による金銀銅のメダル・ラッシュである。

オリンピックの競技会場には、どこも中国国旗の五星紅旗《ごせいこうき》があふれ、メダル獲得数でアメリカとの競り合いに一喜一憂しているだろう。それらが、習主席が目指す「２０２０年決勝期」に花を添え、経済的な不満の吸収につながっていく。なによりも、翌年の中国共産党の創設１００年に向けて、チャイナ・パワーを内外に誇示する必要があるのだ。

メダル・ラッシュによる人民の高揚がうまくいかないときは、内外に様々な緊張を生むことも考えておかなければならない。それは「１９６４年の衝撃」のように、オリンピックのさなかであっても、中国は台湾海峡をはじめ、南シナ海や東シナ海の係争海域で何らかの緊張を高めるかもしれない。中国はすでに、上陸作戦のための海軍陸戦隊（海兵隊）の規模を、現在の1万人から２０２０年には3倍にあたる3万人態勢に拡大する計画をもっている。日本は中国が沖縄県の尖閣諸島の奪取を狙っている以上、警戒を怠《おこた》ってはならない。

米シンクタンクの「プロジェクト２０４９研究所」の研究員イアン・イーストンは、すでに著書『中国の侵略脅威』の中で、中国内部文書を引用しながら「２０２０年までに中国は台湾侵攻の準備を終える」と指摘して物議を醸《かも》した。１９６４年東京オリンピック時に起きた中国初の核実験がそうであるように、平和の祭典をかき消す衝撃波が、再び到来する可能性は否定できないのだ。

習近平主席が「パクス・シニカへの道」を明確にしたのは、まぎれもなく２０１７年10

月18日に開催された第19回中国共産党大会である。それは5年に一度の政治的行事で、まるで現代の皇帝が臨んだ戴冠式のようであった。登壇した習主席は、人民解放軍を「今世紀半ばまでに世界一流の軍にする」と啖呵《たんか》を切った。このときの3時間20分超という演説の長さは、独裁体制を確立するバロメーターである。

序章で述べたように、習主席はアメリカを抜いて世界の覇権国になる「２０４９年戦略」を、段階を追って説明している。第1段階は、中国共産党の創設１００年に当たる２０２1年を「1つ目の１００年奮闘目標」としていた。このときまでに人民が豊かになる小康社会を完成させると公約した。続いて「２つ目の１００年奮闘目標」に向かってさらに30年奮闘し、「新中国成立１００周年までに現代化を基本的に実現し、わが国を社会主義現代化国家に築き上げる」との最終目標を掲げた。

習主席はこの演説で、２０２1年から21世紀中葉の「現代化強国」に至るまでの間に、中間目標を設定して3段階戦略とした。おおむね２０２０年から15年奮闘し、２０３５年までに「経済力、科学技術力が大幅に向上し、革新型国家の上位」へと上り詰めていく。そして、２０３5年からさらに15年奮闘し、今世紀中葉の「建国１００年の２０４９年」か、２０５０年までに「社会主義現代化強国」として、トップレベルの総合国力と国際的影響力を有する国家になると打ち上げた。

習主席が初めて「２つの１００年」目標を明らかにした２０１３年の全国人民代表大会では、中間目標が示されていなかった。習がこの共産党大会であえて３段階に設定したことから、82歳になる２０３５年まで政権にとどまるつもりであろうとの憶測が流れた。習がこの年にこだわるのは、尊敬する毛沢東の死去した年齢が82歳であることのほか、独自の経済圏構想である「一帯一路」戦略によって、アジア・ユーラシアの覇者になることを見届けるためであろう。

習演説の風呂敷はさらに大きくなり、21世紀中葉の時点で「中華民族は世界の諸民族の中に聳《そび》え立っているであろう」と自信たっぷりであった。それは９千万人の共産党員と、計13億人の人民に向け、30年も経てばアメリカを凌駕《りょうが》して「現代化強国」の中国が、世界の指導者になるとの誓約である。

米紙コラムニストのアンドリュー・ブラウンはこれを「毛沢東で起ち、鄧小平で繁栄し、習近平で強大になるという自己解釈だろう」と皮肉った（Wall Street Journal, October 25, 2017）。それまでに共産党は、習を毛沢東のように神格化する動きを見せるかもしれない。

すでに、あの共産党大会の習演説は、中国の全土で、幼稚園児までがテレビの前に座って聞かされていた。公園ではお年寄りが習をたたえる歌を高らかに歌い、病院のベッドの上でも患者たちがテレビを見せられた。中国のネットには、ペットの犬がテレビ画面の習演説をのぞき込んでいる写真が、皮肉たっぷりにアップされていた。

習の未来ビジョンは、中華強国が21世紀半ばに至って世界に君臨することになるという国際社会に対する宣言でもあった。

しかし、習近平主席の独裁体制にも、２０１８年7月頃から異変が起きていた。共産党機関紙の人民日報など官製メディアの１面から、習近平の名前が消える日が増えた。街中の歩道橋などに掲げられた「中国の夢」や「偉大なる復興」などの習語録の横断幕も外された。代わって目立ってきたのは、習路線と一線を引く李克強首相の存在感の高まりである。

これらの背景にあるのは、習の個人崇拝に対する危機感が共産党内にあり、3月に勃発《ぼっぱつ》した米中貿易戦争が中国の経済に打撃を与えたことから、これまでのくすぶりが噴き出したという構図だ。これに対して、習近平指導部からも反撃が出て、内部の会議で「鶴の一声」の絶対権威を強化して立て直しを図った。共産党内にある政治の暗闘は、やるかやられるかの静かな権力闘争であり、とどまるところを知らない。

だが、習体制がどちらに転ぼうとも、胡錦濤政権の末期から始まった「有所作為」として中国が世界ナンバー1を目指す「２０４９年戦略」は変わりようがない。

2020年の「戦略的好機」

中国の戦略家は、アメリカが「テロとの戦い」と「核拡散の阻止」に手を取られるため、2000年から2020年までを「戦略的好機」ととらえていた。きっかけは2001年9月11日のアメリカ中枢同時テロ攻撃である。

実際に、「テロとの戦い」の挑戦を受けるまでのジョージ・ブッシュJr.政権は、早くも中国を「戦略的競争相手」ととらえ、台湾防衛のために「必要なことは何でもやる」とまで公言していた。核拡散問題、人権問題をめぐる論争、スパイ行為への非難など、米中間には多くの対立点を抱えていた。

例えば2001年の一般教書演説でブッシュJr.大統領は、この分野で優位を狙う「競争力構想」を打ち出し、基礎研究の拡充や理数科教師の7万人採用を表明した。軍事機密の分野では、外国人研究者に頼らないよう人材を育成する。ブッシュ政権は中国の台頭を意識して、ある種の対中「封じ込め政策」も視野に入れていた（アーロン・フリードバーグ『支配への競争』日本評論社、175〜176頁）。

しかし、そこに航空機を使った世界貿易センタービルへの激突テロが発生した。この2001年のテロ攻撃「9・11」によって、国際環境は一夜にして変わった。ブッシュ政権はアフガニスタンはじめ中東の国際テロ組織との「非対称戦争」に向かわざるをえなくなり、アメリカはアジア地域に手が回らなくなった。

この年の秋、イスラマバードに入った私は、当地の中国大使館が各国駐在武官を招いたパーティーで、中国大使がアフガニスタンを攻撃したアメリカの動向を探っていることを知った。ただし、大使の関心は、アメリカ軍がこの先、どう軍事展開するかという短期の見通しではなかった。彼の関心はむしろ、アメリカ軍がどのぐらいの期間にわたってカブールやカンダハールなどアフガン主要地域に駐留し、どの程度の兵力を失い、どのぐらい国力を消耗するかに絞られていた。

確かに「9・11」以降のアメリカは、中央アジアや中東でのテロ組織との戦いに明け暮れ、国力と意欲を疲弊させていった。ニューヨークで発生した大惨事から遠く離れた中国では、それまでの対米不安感から、一気に楽観主義があふれかえった。江沢民主席はこれに勇気づけられ、翌2002年11月の中国共産党16全大会で、21世紀初めの2020年までが「戦略的好機」であると宣言したほどだ（フリードバーグ前掲書、187〜191頁）。この絶好の機会をとらえて、中国戦略家の胡鞍鋼《こあんこう》、門洪華《もんこうか》らは、中国が経済力、軍事力を含む総合国力で世界第2位になると予測し、2020年を「2つ目の奮闘目標」への飛躍台と考えた。

中国にとって、アメリカの疲弊こそが彼らにプラスに働くことになるのはいうまでもない。結果はアメリカ軍が破綻《はたん》国家アフガンに巣くった国際テロ組織を壊滅させ、その勢いを駆ってフセイン政権打倒のためイラク攻撃に転じたことで、中国にとっては願ってもない展開になった。アメリカ軍がいなくなったアジア太平洋で、中国は安心して人民解放軍の軍拡に着手していたのだ。ロシアもまた、ジョージアやウクライナなどヨーロッパ、中央アジア方面で侵略行為を繰り返すようになる。

ブッシュ政権を引き継いだオバマ政権も、アフガニスタン戦争とイラク戦争の後始末に追われた。トランプ政権とても、北朝鮮による核・ミサイル開発を封じるため、元来が北のパトロンである中国に、対北圧力で依存せざるを得なかった。アメリカは誰が国際秩序を崩す挑戦者であるかを知りながら、当の中国に頼り切る皮肉に甘んじなければならなかった。

しかも、トランプ政権はＴＰＰ（環太平洋戦略的経済連携協定）から離脱したことで、東アジア諸国からの信頼性を損なっていた。アメリカ自らが中国に有利な環境を提供しているのだから、習近平の側近たちが「戦略的好機」と考えて何の不思議もない。

この間に中国は、南シナ海の80％を手中に収めた。その面積は西ヨーロッパの全域に匹《ひっ》敵《てき》し、特に２０１３年以降の５年間で、南シナ海の人工島などに12の軍事施設をつくり、そこには各24機の戦闘爆撃機を格納できる３つの基地が含まれる。北京はこれらの支配海域に中国の１９９２年領海法を適用して、多くの外国漁船や船舶を拿《だ》捕《ほ》したり、妨害したりしてきた（The Strategist, April 3, 2017）。

アジア太平洋地域にあっては、アメリカ主導の秩序「パクス・アメリカーナ」が遠ざかり、中国が支配する「パクス・シニカ」の時代の想像が容易になりつつある。東南アジアの指導者たちは、国際法を無視して南シナ海の島嶼《とうしょ》を不法占拠する中国の膨張主義を恐れる。シンガポールの東南アジア研究所が２０１７年４月に実施したＡＳＥＡＮ（東南アジア諸国連合）の政府当局者や知識人３００人以上への調査は、そうした実態を浮き彫りにしていた。「トランプ政権をどう考えているか？」との質問に、回答者の70％が「アメリカの積極的な関与が安心を生み、安定する」と答えている。だが、「東アジアでもっとも影響力のある国は？」との問いになると、とたんにアメリカは４％に落ち込み、中国を選んだ回答者が74％に達していた。

注目すべきは、回答者の80％が、アメリカの無関心がこの地域の「戦略的な空白」を生み、中国がそれを埋めることになると考えていることだ。もはや、秩序維持の守護神であったアメリカが、世界への関与にうんざりして「自由社会の戦略本部」であることを放棄しつつあるとの疑いである。

トランプ政権が「アメリカ第一主義」を固守して北米の島国に閉じこもれば、アジアでは不本意でも中国のバンドワゴン（時流）に乗らざるをえなくなる。彼らは、オバマ前政権の何もしない「戦略的忍耐」と、トランプ政権の危うい「取引外交」がそう違わないと考える。トランプ政権は、中国による南シナ海の不法行為を抑制するより、北朝鮮の核問題で中国の協力を仰ぐことの方がアメリカの利益と考えるからだ。

東南アジアの指導者は、２０１７年秋に北京で開催された米中首脳会談後の共同記者会見で、習近平国家主席が「太平洋には中国とアメリカが受け入れるには十分な広さがある」と言及したことに身構えたに違いない。習がトランプ大統領の目の前で、何も気遣うことなく平然と繰り返したからである。太平洋を二分割して、それぞれの勢力圏におこうとの提起である。しかも、当のトランプはそれを否定することもなく見過ごしていた。この地域限定の「太平洋Ｇ２論」が、いつ「グローバルＧ２論」に転換するかも分からない（Ｇ２論については6章で詳述）。

模造空母と新たな国際秩序がやってくる

さらに、２０１７年に進水した国産空母の1番艦「山東」が、この２０２０年には就航することになる。アメリカ海軍大学のアンドリュー・エリクソン教授は、海軍の拡充は習近平主席が進める軍改革の核心であり、外洋海軍として空母とそれを支援する戦闘艦、補助艦船まで建造しているという。その建造される艦船からみて、アメリカの専門家は「最大４隻が１つの空母を護衛するのに十分な隻数だ」と解析している（The New York Times.com, April 25,2017）。

国産の新造艦「山東」は、練習艦として使われている「遼寧」とともにスキージャンプ型だが、次の国産2番艦はアメリカの空母と同じ水蒸気圧力によるカタパルト型の発艦システムになるとみられている。このほか、中国海軍は潜水艦の近代化を重視しており、２０２０年までに潜水艦戦力は69隻から78隻に増強され、海洋核抑止力の晋級ＳＳＢＮ（弾道ミサイル搭載原潜）に加え、次世代のＳＳＢＮが、まさにこの２０２０年までに建造がはじめられる（アメリカ国防総省の年次報告書「中国の軍事力」）。

こうした「中華強国」路線は、２０１８年3月の全国人民代表大会（全人代）で、３年ぶりの規模となる国防費増額や憲法改正によって軍重視が明示されていた。３月5日の李克強首相による政府活動報告で、ＧＤＰの成長率目標を前年と同じ６・５％と掲げながら、国防予算の増加率はなんと８・１％に跳ね上がる。前年の成長実績７％を軽々と上回っていた。国防予算の総額は１兆１０６９億元（18兆４０００億円）と巨額なものだが、アメリカ国防総省は実際には、別枠の研究開発費を含めるとさらに25％も多いと見積もっている。

国防予算を軍の「能力」と考えると、その「意図」は明白であった。一般的に能力は計測しやすいものだが、意図は政治指導者の頭の中にあるから推し量ることが難しい。しかし、習近平主席は自らを頂点とする共産党体制を死守するために、「将来の意図」を明示して人民を鼓舞していた（ジョン・Ｊ・ミアシャイマー『大国政治の悲劇』五月書房、４４５頁）。

　具体的には２０１７年10月の習主席の演説「２０４９年戦略」や、翌年の全人代で憲法改正に盛り込まれた「中華民族の偉大な復興」であった。この概念は、習近平主席が２０１２年に初めて「中国の夢」として言及したもので、中国共産党大会でも党の規約に書き込まれた。しかも、この憲法にはやはり習が党大会で掲げた「人類運命共同体」を書き込んで、中国が新たな国際秩序の変革に主導権を握る姿勢を鮮明にした。党大会の習演説では、相互尊重に加えて、冷戦思考の放棄と同盟に代わるパートナーを挙げており、アメリカを核とする同盟のネットワークに異議を唱えた。

　戦後アメリカが構築した自由、民主主義、人権、法の支配という国際秩序に対して、「人類運命共同体」の名を借りて中国主導の新たな秩序構築を目指している。２０２０年はそれが具体的に推進される戦略的好機なのである。

パクス・シニカを覆す3つの戦略文書

　これに対するトランプ大統領の対中政策は、右に左に激しく揺れてとらえどころがなかった。大統領選期間中は、中国に対する45％の関税やＷＴＯ（世界貿易機関）からの離脱をちらつかせて脅していたが、さすがに一部を除いて即時実行までには至らなかった。安全保障に関しても、二国間の取引なら勝てると考えてか、ＴＰＰのような多国間の協調を即座に否定する。

だが、やがてアメリカ単独では対中抑止できない時代が到来する可能性がある。アメリカは数十年間、世界の無敵のリーダーであったが、再び大国間の抗争に直面しているのである。これまでアメリカ主導の戦後秩序にいら立っていた中国とロシアが、軍事力を強化して、アメリカの同盟国を含むインド太平洋地域やヨーロッパ東部の小国に侵略行動をとり続けている。

シカゴ大学教授のジョン・ミアシャイマーがいうように、東西冷戦の構造が崩れた１９８９年以降、アメリカの政策担当者はライバルの強国を恐れることがなくなった。その証拠に、アメリカは冷戦終了から、イラク、ボスニア、コソボ、アフガニスタン、再びイラク、そしてリビアで６つの戦争を戦ってきた。ソ連の崩壊によって大国間の政治に関心を失ってしまったかのようだった。

しかし、中国の台頭は、国際秩序のシステムの変更を迫るだけに、この流れを決定的に変えつつある。このまま中国経済が成長を続けて、その拡張主義が無作法に行使されれば、アメリカは再びライバル強国相手の大国政治を復活させることになる。ミアシャイマーは今後、「アメリカは、中国の地域覇権を阻止しようと多大な努力をするはずだ。インド、日本、シンガポール、韓国、ロシア、そしてベトナムなど、北京の周辺国のほとんどは、アメリカとともに中国の力を封じ込めようとする」と述べ、中国の台頭が穏やかなものにならないと見通している（ミアシャイマー前掲書、443頁）。

トランプ政権の1期目が終わる2020年秋の次期大統領選挙まで、アメリカの安全保障戦略をどう動かすべきなのか。さすがに、安全保障にかかわる閣僚、補佐官らは冷静に分析していた。気まぐれな大統領を抱えるトランプ政権の安保チームは、2017年暮れからタイムリーな〝反撃文書〟を相次いで打ち出した。

まず、2017年12月の「国家安全保障戦略」（NSS）で、中国とロシアが自由主義社会を阻害する「修正主義」であると断定した。続いて翌年1月の「国家防衛戦略」（NDS）では、ライバル強国である中国による国際秩序の破壊を阻止するとし、さらに「核戦略体制の見直し」（NPR）では、ロシアの短距離戦術核に対抗して核抑止力を強化すると掲げた。これら三文書によって、トランプ政権の基本戦略がようやく確立したとみるべきだろう。

それまでのトランプ政権は、確たる基本戦略がないまま海図なき航海でさまよい、外交・安全保障の立て直しが急務であった。ただ気になるのは、これら三文書のうち、上位文書にあたる国家安保戦略が弱点を抱えたままであったことだ。この安保戦略には、各戦略項目の上に「アメリカ第一主義」のフタがかぶせられており、関係国はその実行性を懐疑的にとらえざるを得なかった。

「鉄のカーテン」以来の対中戦略

しかし、２０１８年国防戦略の方は、マティス国防長官がその政治スローガンのフタをはずして、より現実的な戦略を描いているところに特徴がある。長官は中国を「国防戦略上、もっとも重大な脅威である」と認定したうえで、同盟国の重要性と貢献を強調していた。さらに、中露を「現状変更勢力」と述べ、テロとの戦いに代わる国家戦略上の脅威と認識し、特に中国に照準を合わせた。さらに本文で、「アメリカの繁栄と安全にとっての中心的な挑戦は、修正主義勢力による長期的、戦略的競争である」と明言したことは、中国と東シナ海を隔てて対峙《たいじ》する日本にとり望ましい。南シナ海で中国が近隣諸国を圧迫し、「インド太平洋地域で覇権構築を狙っているほか、将来的にアメリカに取って代わろうとしている」と率直な警戒感を示した。

アメリカの歴代政権は同時多発テロ「９・11」後、その衝撃があまりに大きかったため、テロとの戦いを優先事項に挙げて他を省みる余裕がなかった。この間に、中国は大規模な軍拡を敢行し、南シナ海などへの海洋進出を強めた。ロシアもジョージアの南オセチアを侵略し、ウクライナのクリミア半島を併合した。アメリカはこれまで、そこに国家間の戦略的な競争が存在していたにも拘わらず、直視しようとしなかった。

オバマ前政権は米露関係の「リセット」などといってお茶を濁し、アジア回帰の「リバランス」は掛け声だけで、かえって中国とロシアを増長させてしまった。マティス長官の国防戦略は、激変する世界の戦略環境を的確に描き出し、問題の核心が中国をはじめとする「国家間の戦略的競争」にあると懸命に引き戻している。

元防衛省情報本部長の太田文雄氏によると、ジョンズ・ホプキンズ大学大学院で行われた国防戦略に関するマティス長官の演説を聞いた一人は、「鉄のカーテン崩壊以来、中国、ロシアに対する注意を振り向けてくれた」と大歓迎していたという（国家基本問題研究所「ろんだん」２０１８年1月22日）。この場合の「鉄のカーテン」とは米ソによる冷戦構造を指している。イギリスのチャーチル元首相が１９４６年、ソ連が東ヨーロッパを勢力圏として障壁をつくっていると皮肉った表現のことである。

マティス長官の２０１８年国防戦略は、ブッシュ政権時代の08年6月以来のもので、何もしなかったオバマ政権の「戦略的忍耐」から、大きく転換する決意が込められている。「９・11」後のテロとの戦いという非対称戦争型の国防システムを、全体主義国家に対する対称戦争型へ再転換することを目指す。

そのための同盟強化も、これまでの戦略報告に真っ先に挙げていたＮＡＴＯ（北大西洋条約機構）に代わり、「インド・太平洋同盟の拡張」を明示的に優先させている。この同盟戦略観は、安倍晋三政権が精力的に取り組んでいる日米豪印の防衛協力を軸とする「自由で開かれたインド太平洋戦略」とも整合性があり、日本としては大いに歓迎できよう。

国防戦略を報じたアメリカのＣＢＳニュースは、人民解放軍が中国内陸部のゴビ砂漠で、在日米軍基地を模擬的な目標として攻撃訓練をしていると衛星画像を使って伝えた。ターゲットはアメリカ海軍横須賀基地の艦船、嘉手納基地のＦ－22戦闘機、三沢基地の格納庫などであり、軍事レベルの緊張が伝わってくる。

中国はアメリカから「現状変更勢力」と名指しされたことを受けて、すかさず前世紀の「冷戦思考だ」と批判した。しかし、２０１７年秋の第19回中国共産党大会で習主席が21世紀中葉までに「中華民族が世界の諸民族の中に聳え立つ」と宣言したのは、どう見ても、冷戦思考どころか19世紀の覇権思考であった。

19世紀的覇権思考に基づく地政学的野心

その例として、あまり愉快でない図１のグラフを見ていただきたい。全米科学財団が調べた自然科学系大学の博士号を取得した学生数の年ごとの変化を示している。日本の理学博士や工学博士はわずか７千人前後で低迷し、中国は逆に２００７年ごろにアメリカを抜いて世界第１位になり、日本の４倍にあたる３万人以上の規模に達した。中国とアメリカにかなり離されてドイツ、イギリスが続き、日本は５位に甘んじている。

同じ財団が２０１８年１月に発表した科学技術の論文数でも、中国がアメリカを抜き去り、世界のトップに躍り出た。際立つのはインドの３位で、10位から一気に追い上げている。報告書は２年ごとにまとめられ、２０１６年に発表された論文数は、中国が43万本、アメリカの41万本で、続いてインド、ドイツ、イギリスと続き、日本は６位とここでも低迷していた。直近10年間の国別の論文数の推移は、中国が約１２４%増と大きく飛躍。インドも１８２%増と伸び、新興

図1　自然科学・工学系分野、米国博士号取得者数（国別）

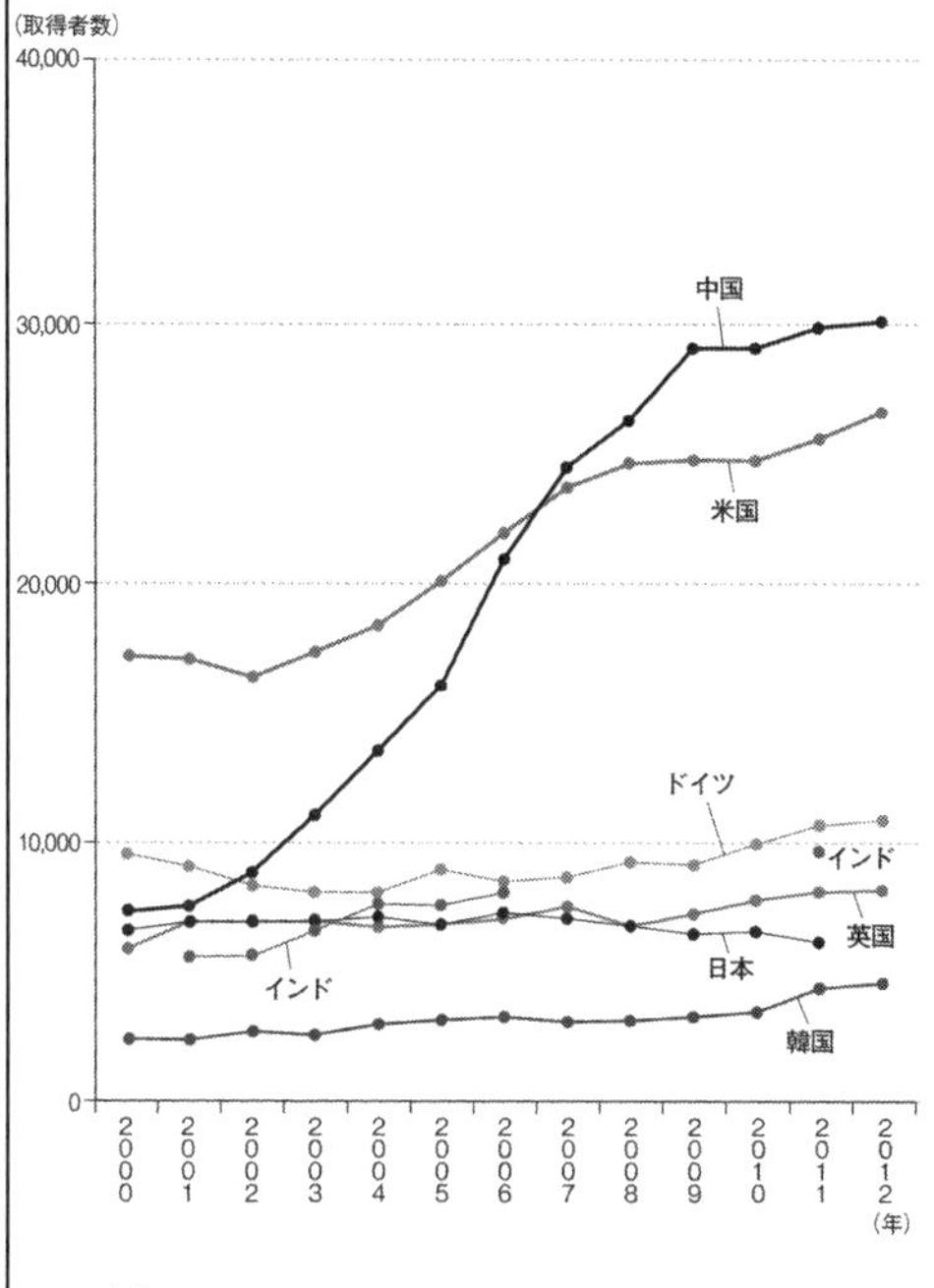

出典：National Science Board, Science and Engineering Indicators 2016

国の躍進が著《いちじる》しい。日本は13％減った。

アメリカの大学で学ぶ外国人留学生の推移をみても、２００８年まではインドの10万３２６０人をトップに、中国が９万８２３５人と迫っていたが、翌年には中国がトップに躍り出て２０１６年に34万人とインドに倍近い差をつけた。日本は２０００年に韓国に抜かれて下降し続けて、いまやアメリカ国際教育研究所のいう「トップ４」にも入らない。ちなみに、２０１０年４月11日付のワシントン・ポスト紙は、名門ハーバード大学の日本人留学生は15年間にわたって減少し、09年の学部入学生はたった一人だったと報じていた。その報道があってからやや持ち直したが、中国やインドに比べるとその差は歴然としている。

注目すべきは、中国が将来を見越して若手研究者の育成を推奨し、とりわけアメリカの先端科学技術の習得に力点を置いていることだ。アメリカ流の儲け優先の経済学とともに、科学技術は国力の拡大に直結するという共産党の判断だ。

ロボット工学の出願率は、２０１５年に２位の日本の倍以上で世界のトップに躍り出た。世界の工学系大学トップ10のうち、米中から同数の４大学が入り、オバマ政権の８年間を通じて理数系の博士号の取得では、中国の大学がアメリカのそれを上回っている。

実は、これら科学技術志向は、彼らの地政学的な野心と密接に結びつくという不吉な兆候がある。中国の科学者たちは、個人の意思はもちろん、その研究が国策と密接に結びついてもいる。とくに近年は、習近平国家主席が掲げた21世紀中葉までに「世界一流の軍を全面的に築く」という指示に沿って、革新的な技術開発に取り組む。そのための資金手当てが、研究開発費として潤沢に注ぎ込まれている。

中国はなおアメリカの技術水準から遅れをとってはいるが、ＡＩ（人工知能）、スーパーコンピューター、量子情報科学など主要分野で差を縮小し、一部では追い抜いている。中国の年間研究開発費は２０１７年までの５年間で70・９％増加しており、大規模な政府補助金によって目的を完遂する。さらにバイオテクノロジー、ロボット工学、ナノテクノロジーなど中国にとって経済的、軍事的に重要な17のメガプロジェクトに、優先的に資金を回している（National Interest, March 9, 2018）。ＯＥＣＤは「科学技術産業アウトルック２０１４年版」で、中国の科学技術分野の研究開発費が２００８年から２０１２年で倍増し、２０１９年には世界1位になると発表していた。

技術が不足する分野は、外国企業を買収して合法的に技術移転し、できないものは産業スパイがその腕を発揮する。実際に２０１３年までの７年間に中国軍は世界の１４０以上の組織の機密データを盗み出した。２０１４年にはアメリカ司法省が国内企業に対して、サイバースパイを働いた５人の中国軍ハッカーを起訴している。

これを支えるのが、豊富な国防予算である。２０１８年の軍事費はＧＤＰ見通し６・５％増を大きく上回る８・１％増の１兆１０６９億元、日本円換算で18兆４千億円という、とてつもない額に膨らんでいる。

昇り龍が白頭鷲を襲う

確かに、日本にはノーベル賞の受賞者が多数存在するが、10年や20年も前に開発した技術や理論に安住してはいないだろうか。中国の科学技術者たちには、それが殺人兵器の開発だからといって、日本人のような特別な躊躇《ちゅうちょ》は見られない。「２０４９年戦略」として、どの分野であっても将来のノーベル賞受賞に先行投資している構図である。

他方、日本人留学生の低迷や劣化を示す〝指標〟として、霞が関の官庁街でのささやきを耳にしたことがある。欧米の有名大学院に派遣された各省の若手エリート官僚の中に、以前にはなかった悲惨な落ちこぼれ現象が起きているという。経済学や論理学の授業についていけずに単位を落とすケースが増えた。

なるほど日本の大学入試は、記憶力にたけた学生に有利にできている。「ゆとり教育」が行き渡って受験科目を絞る大学が多くなり、数学を受験しなくても法学部や経済学部に入ることができた。国際的にはこれが通用しない。欧米の経済学は株価の変動など金融を中心に新しい理論が次々に導入されている。三角関数やフーリエ変換など日本の文系が苦手な計算式が解けない。

逆に、中国がこれら科学技術力の向上に血眼《ちまなこ》になっている。イギリスの台頭が産業革命によってもたらされ、次いでアメリカが１８７０年代に台頭したのは、世界の新技術開発をリードしてきたことが誘引になっているからだろう。

新しい技術の成功は、世界中のカネが流入して金融の独占的な地位につながり、国際社会に対する影響力が拡大する。19世紀に誰が覇権を握るかの決め手になったのは、ＧＤＰで見た経済の規模ではなく、世界をリードする技術力であった（アーサー・クローバー『チャイナ・エコノミー』白桃書房、３２６頁）。

確かに、中国は経済成長のスピードが速く、血眼になって金もうけに走るから吸収しようとする意気込みがすごい。しかも習近平体制になって一層その傾向が強く、国策としてＡＩ（人工知能）分野など最先端技術に集中投資して世界のトップを目指す。中国政府の「新世代ＡＩ開発計画」が、２０３０年までに「世界をリードする」との目標を掲げるのもそうした理由であろう。ＡＩは新しい軍事能力を生み出し、軍の指揮、訓練、部隊の展開を変え、やがては米中間の軍事バランスを決定づける可能性がある（Foreign Affairs, December 5, 2017）。

しかし、中国の現状は、いまだ技術で世界のトップをリードしているとはいいがたい。中国のハイテク製品の量的な拡大はあるが、輸出の半分近くが、あるいはハイテク輸出の70％が海外企業によって生産されたものだ。中国はあくまでも製品の最終的な組み立てが中心であり、部品の大部分は海外でつくられている。最終製品の価格は、そのまま輸出額として計上されるから、輸出額がそのまま高い技術力を示しているとはいいがたいのだ。

米ブルッキングス研究所清華センターの上級研究員、アーサー・クローバーは、人気機種の iPhone を例に、その卸売価格が中国の貿易黒字の一部になっているものの、これに組み込まれている技術のうち、中国発祥のものは何もないと断言する。成功例として名の上がる華為技術（ファーウェイ）は、電話ネットワーク・スイッチで世界の雄ではあるが、クローバーは、この会社が頻繁に取り上げられるのは、他に紹介できる企業がないからだと厳しく論評する（クローバー前掲書、３２８〜３２９頁）。

それでも、過去20年以上にわたり、中国の企業が多くの分野でかなりの技術進歩を遂げたことは間違いない。技術力の世界的なリードはなくとも、一定程度の技術力による量的拡大はケタ外れだ。

中国ハイテク経済の弱点を克服しようとする産業政策が「中国製造２０２５」である。この経済戦略の下で、最先端部品の自給自足とハイテク分野のグローバルリーダーになることを目指している。量的には、２０２０年までに40％から70％までに中核部品や材料の国内供給を引き上げる計画だ。そのためには、他国の技術を強制的に移転し、知的財産権の侵害も辞さない。

ＩＭＦ（国際通貨基金）によれば、２０１７年の中国の１人当たりのＧＤＰ（国内総生産）は、市場価格ベースではアメリカの14％相当になる。しかし、中国の人口はアメリカの４倍以上であるため、17年の中国全体のＧＤＰはアメリカの同62％にのぼる。これが２０４０年には中国の１人当たりのＧＤＰがアメリカの34％相当でも、人口が４倍と多いために、ＧＤＰそのものはアメリカを30％も上回ることになる（Financial Times, April 17, 2018）。

野村資本市場研究所の関志雄《かんしゆう》シニアフェローは以前、「10年後に中国の学生がマルクス経済学を勉強しようと思ったら、日本の大学にいくしかない」と、著者に大まじめで語っていたことがある。〝現役〟の社会主義国にあっても、元祖マルクスはとうに死んでしまったのだ。習近平が共産党大会で「マルクス」を連呼したのは、これを生き返らせようとする策なのか。いつまでもマルクスとその親戚筋の容共リベラルに縛られるような国は、ジワジワと社会の劣化が進む。いま、「日本の凋落《ちょうらく》」を食い止めないと、人口減少の重圧とともに日本の未来は描けなくなるだろう。

日本政府の高官は、苦々しげに「全体主義の中国はいまや、アジア太平洋の覇者を目指しているつもりなのだ」とつぶやいた。いつもは北京への配慮を優先して、慎重に言葉を運ぶこの人物も、中国の詭弁《きべん》と傲慢《ごうまん》なふるまいが我慢ならない。中国の膨張志向は、19世紀の権力政治の発想から抜け出せずに、ますますひどくなるばかりだ。

彼のいう全体主義とは、哲学者のハンナ・アーレントがナチズムとスターリニズムの運動をそう名付け、彼女が生涯これと対決した概念として知られる。その体制は国家が党派や階級によって支配され、もとより言論の自由など望むべくもない。やがて対外的な膨張主義に傾斜するから、いまの中国に通じるのだ(ハンナ・アーレント『全体主義の起源』みすず書房、iii～x頁)。

2017年2月初旬に来日したマティス国防長官が、沖縄県の尖閣諸島についてアメリカの対日防衛義務を定めた「日米安保条約第5条の適用範囲」と確約すると、中国外務省の陸慷《りくこう》報道官は「安保条約は冷戦の遺物だ」と決まり文句で非難した。19世紀思考の全体主義国家が、21世紀思考の自由主義国家に対して、「冷戦の遺物」とはいかにも滑稽《こっけい》な物言いであった。

もっとも中国は、天安門事件をへて「マルキシズム幻想」が崩れ、しかたなくナショナリズムと融合させて変形した。それでも単一の政党、秘密警察、武器と情報の独占、統制経済など全体主義の装置は、なお生きながらえて今日に至る。

この年のアメリカ大統領選が試金石

２０２０年秋は、トランプ大統領が再選に挑む年でもある。トランプが登場した際、「アメリカ史上、最大規模の国防費にした」と大風呂敷を拡げていた。内向きのオバマ路線を脱して、レーガン元大統領のように「強いアメリカ」を一気に引き寄せた。オバマ政権はアジア再均衡化の「リバランス」を掲げながら、それに見合う十分な行動が伴わず、中国に南シナ海の人工島造成を許してしまった。トランプ政権の国防費増額は、実際の抑止行動につながる裏付けとして歓迎できる。

ただ、トランプの策は国務省予算と対外援助の国際開発庁（ＵＳＡＩＤ）予算を30％以上もカットして、財源に回すという急進的なものであった。彼が手本とするレーガン政権の対外政策には、「対ソ冷戦に打ち勝つ」という明確な外交理念があった。そのためにこそ、ＮＡＴＯや日米同盟との紐帯《ちゅうたい》は盤石《ばんじゃく》でなければならなかった。トランプが安全保障の「資産」であるこの同盟を「負担」と考え、駐留経費の増額を要求するお粗末さであった。

まして当初は、足らざるを補完する同盟の相手を間違えていた。「海洋強国」を目指す中国を抑止するために、同じ拡張主義のロシアと組むという危うい発想である。ロシアにとって中国は敵対国にもなるが、共通の敵であるアメリカに対しては一転して疑似同盟国になる。トランプ政権で最初の7カ月間、首席戦略官兼上級顧問をつとめたスティーブン・バノンの危険な発想であった。

中露両国は、2001年に善隣友好協力条約を結び、近年は共同軍事演習を地中海や南シナ海で展開している。ちなみに、ロシアの国防費はすでにGDPの4・5%にも達している。プーチン大統領と組むなどという怪しげな発想は、ロシアがウクライナのクリミア半島を占拠し、ウクライナ東部に軍を駐留させることによって、まもなく破綻《はたん》した。

何より問題なのは、国際秩序を牽引《けんいん》してきたはずの国が、「アメリカ第一主義」を標榜《ひょうぼう》することで国際指導力を急落させたことである。通商政策では就任と同時にTPPから離脱してしまい、WTOに対しては、常駐代表を任命せず、紛争解決機関の上級委員の空席も放置して、機能停止に追い込んでいる。アメリカが構築した自由主義の貿易体制を、自らの手で葬ろうとしているかのようだ。地球温暖化対策の国際的枠組みである「パリ協定」からも離脱して、元来が非難されるはずの中国を有利にしてしまった。

トランプ大統領はアメリカが築いた「パクス・アメリカーナ」のルールブックには興味がなく、実態はそのスキを中国に突かれている。ドイツを訪問した中国の李克強首相がメルケル首相と誇らしげに握手する姿は、まるでグローバリゼーション推進の国際協調派のような趣《おもむき》であった。だが、世界第2位の経済力を誇る中国は、自らを途上国だと主張して自らに有利なCO$_2$削減目標を設定、2030年まで実質的に排出量削減をせず、向こう5年間は石炭の使用を増やせるよう認めさせていた。

環境保護と自由貿易を推進するグローバリゼーションは、そもそもアングロサクソンが引っ張ってきた。繰り返すが、1979年に就任したサッチャー首相は、イギリス経済を再建するため規制緩和を拡大した。81年に今度はアメリカにレーガン大統領が登場して、それを加速させる。その英米が、今度は終わりの旗を振り始めたのである。

トランプ政権がエルサレムをイスラエルの首都と認定したことも、同じ主張をするパレスチナに時限爆弾を投げ込んだようなものである。転がらせたままの爆弾は、いつ発火するか分からない。国連安全保障理事会でその撤回を求める決議が出されて孤立し、拒否権の行使をせざるを得なくなった。アメリカとイスラム諸国との関係を悪化させ、中東和平への影響力を失墜させてしまった罪は重い。

アジア太平洋地域の現況は、中国、ロシア、北朝鮮という独裁政権か独善的な指導者に率いられるようになった。これら独裁政権を相手にトランプ大統領は、帽子からウサギを出すような手品ができるだろうか。トランプ大統領は、マティス国防長官を除くと、「アメリカ第一主義」を信じるナショナリストに囲まれている。英紙フィナンシャル・タイムズは「反対の見解を述べる人物は政権を去り、パクス・アメリカーナは日々弱くなっていく」と論評していた（Financial Times, March 28, 2018）。

中国に覇権を譲る気か

トランプ政権を振り返って気になるのは、お騒がせなメディアとの非難合戦やロシア疑惑の政局的スキャンダルではない。それ自体はスキャンダラスで耳目《じもく》を引くが、厄介なのはそれにより削《そ》がれるアメリカの指導力や国力の疲弊の方にある。さらに、自由主義の旗を掲げて戦後の国際秩序をつくってきたアメリカが、自己都合によって国際舞台から退場し、全体主義の新興大国にその座を譲りかねないことである。

それを象徴したやり取りが、２０１７年6月にシンガポールで開催されたアジア安全保障会議（シャングリラ・ダイアローグ）であった。マティス国防長官が忍び寄る中国の南シナ海侵略に警戒感を示したのに対し、会場から鋭い指摘がなされたのだ。

「70年前、当時のアチソン国務長官はアメリカが主導する〝秩序の創造〟に立ち会ったと書いた。しかし、ＮＡＴＯ、ＴＰＰ、パリ協定をめぐる出来事をみると、いまは、アメリカによる〝秩序の破壊〟に立ち会っているのではないか」

戦後秩序をつくった自由世界の旗手が、「自らその旗をたたむのか」という非難に聞こえる。これに対して思慮深いマティス長官は、尊敬するイギリスのチャーチル首相の言葉を引き「すべての選択肢を使い果たしたら、アメリカ人は常に正しい軌道に入る」と応じた。

政権内では、マティス長官を含む軍出身の閣僚からなる伝統的な国際協調派と、ホワイトハウスにはびこる孤立主義的な側近グループとの確執が絶えなかった。マティス長官のシャングリラ発言は、伝統的な国際協調派が打ち勝ち、トランプ外交がやがては「正しい軌道に入る」確信を述べたものだろう。

それでもシャングリラ会議参加者の疑念は消えない。海洋国家のアメリカがオバマ前政権の内向き外交どころか、北米の大きな島国に閉じこもってしまう不安感である。トランプ政権が温暖化ガスの削減目標を示す「パリ協定」からの離脱を決定したことは、大統領のＮＡＴＯ批判と合わせて米欧間に不信のミゾを深めた。ドイツのメルケル首相は「ヨーロッパはアメリカの指導力にもはや依存することはできない」と語り、アメリカに頼りすぎることを戒めた。米欧分断を狙う中国は、この機会をとらえてヨーロッパ取り込みを図る。２０１７年1月の「ダボス会議」で、習近平主席はグローバル経済の旗手であるかのように振る舞い、パリ協定の会議でも合意成立の功労者のような印象を残した。

大国主義を地で行く中国の習政権は、遠くのヨーロッパとは笑顔で交わり、近くのアジアではヨロイを見せるのである。アメリカが多国間協議から撤退するタイミングで、広域の経済圏構想「一帯一路」で勢力圏の拡大を図ったのもそうであろう。後の章で詳しく述べるが、インフラ投資も製品輸出の拡大も、シルクロードで栄えた時代のように、「中国による中国のための」構想である。民主主義的な透明性などもとよりなく、古代中国の覇権を意味するパクス・シニカの拡大版といえる。

トランプ政権は「国家安全保障戦略」「国家防衛戦略」、そして「核戦略体制の見直し」の三文書で安全保障戦略を確立した。次に経済政策面でも、2018年1月に突然の政策転換に乗り出した。多国間主義を拒否していた大統領が1月25日、米CNBCテレビのインタビューで突然、条件付きながらTPPへの復帰の余地を口にしたのだ。

あれほど「TPPはひどい協定だ」と毛嫌いし、前年1月の大統領就任直後に公約どおりに離脱を決めていた看板政策である。つい数か月前のベトナム中部ダナンのAPEC（アジア太平洋経済協力会議）関連会合の演説でも、「自らを縛る合意の枠組みには入らない」と、TPPとの決別を表明したばかりだ。

ところが、CNBC出演に続くスイスの世界経済フォーラムの年次総会（ダボス会議）にも、異例の参加を果たし、この「TPP参加の余地」に言及した。まして、あれほど罵倒《ばとう》していたパリ協定についてまで「ことによっては復帰も考えられる」と急旋回である。多国間協定に敵対的な姿勢を繰り返してきたトランプ大統領の豹変《ひょうへん》である。

それは、トランプ政権が中国の〝エセ・グローバリズム〟に一矢報いるための反撃なのか。あるいは、再び多国間協調に復帰して２０１８年国防戦略のように、パクス・シニカの阻止を意識した戦略転換に踏み込むのか。実際のところは18年9月の中間選挙も控えて、右に左に揺れてとどまるところがなかった。

４月の日米首脳会談では、ＴＰＰ復帰を求める安倍晋三首相に対して、トランプ大統領は「やはり二国間協議の方が好きなのだ」と譲らなかった。トランプ政権に対する評価は、その閣僚たちの現実主義を考えると、トランプ大統領個人の政治パフォーマンスと、トランプ政権そのものを分けて考えるべきなのかもしれない。

（2章で取りあげる年表上のことがら）

２０２２年　有人宇宙ステーションの完成
２０２３年　中国のＧＤＰが米国経済に並ぶ
２０２５年　中国の国防費が米国防費を追い抜く
　　　　　　ハイテク強国の実現「中国製造２０１５」目標の達成
　　　　　　この年までに中台統一を実現
２０２７年　中国がＧＤＰで米国を上回る（多数説は２０３０年前後で逆転）
２０２９年　総人口14・5億人でピーク、翌２０３０年から人口急減へ
２０３０年　ＡＩ（人工知能）で世界をリードする（新世代ＡＩ開発計画）
　　　　　　中国海軍、米海軍と実力伯仲（国産空母４隻、主要艦艇４１５隻体制）
２０３５年　社会主義現代化の実現（国民一人当たりＧＤＰで米と並び追い越す）
　　　　　　人民解放軍の現代化を実現
　　　　　　習近平82歳（毛沢東死去の年齢）に
２０３６年　中国が超高齢社会に突入（高齢化率21％）

第２章　２０３５年までに「革新型国家」を狙う

昇り龍は２０３０年代に頂点へ

ＩＭＦ（国際通貨基金）の世界経済見通しによると、中国のＧＤＰがアメリカと肩を並べるのは、東京オリンピック・パラリンピックからわずか３年後の２０２３年と予測している（２０１６年予測）。

その頃の中国が、中華思想の世界観に磨きをかけて、ますます傲慢《ごうまん》になっていることは容易に想像がつく。彼らが「アメリカと同等」を意識すれば、大陸の外側に位置する日本を「化外《けがい》の民」として、より低く見ることだろう。「化外」とは中国を頂点とする華夷《かい》秩序の外にある野蛮な民を意味し、中華文明の教化すべき相手と考える。

では、彼らがアメリカと肩を並べたとして、中国経済が追い抜くことになるのはいつになるのだろうか。

アメリカ投資銀行のゴールドマン・サックスが試算した折れ線グラフを見ていただきた

図2　主な国のGDPの将来推計

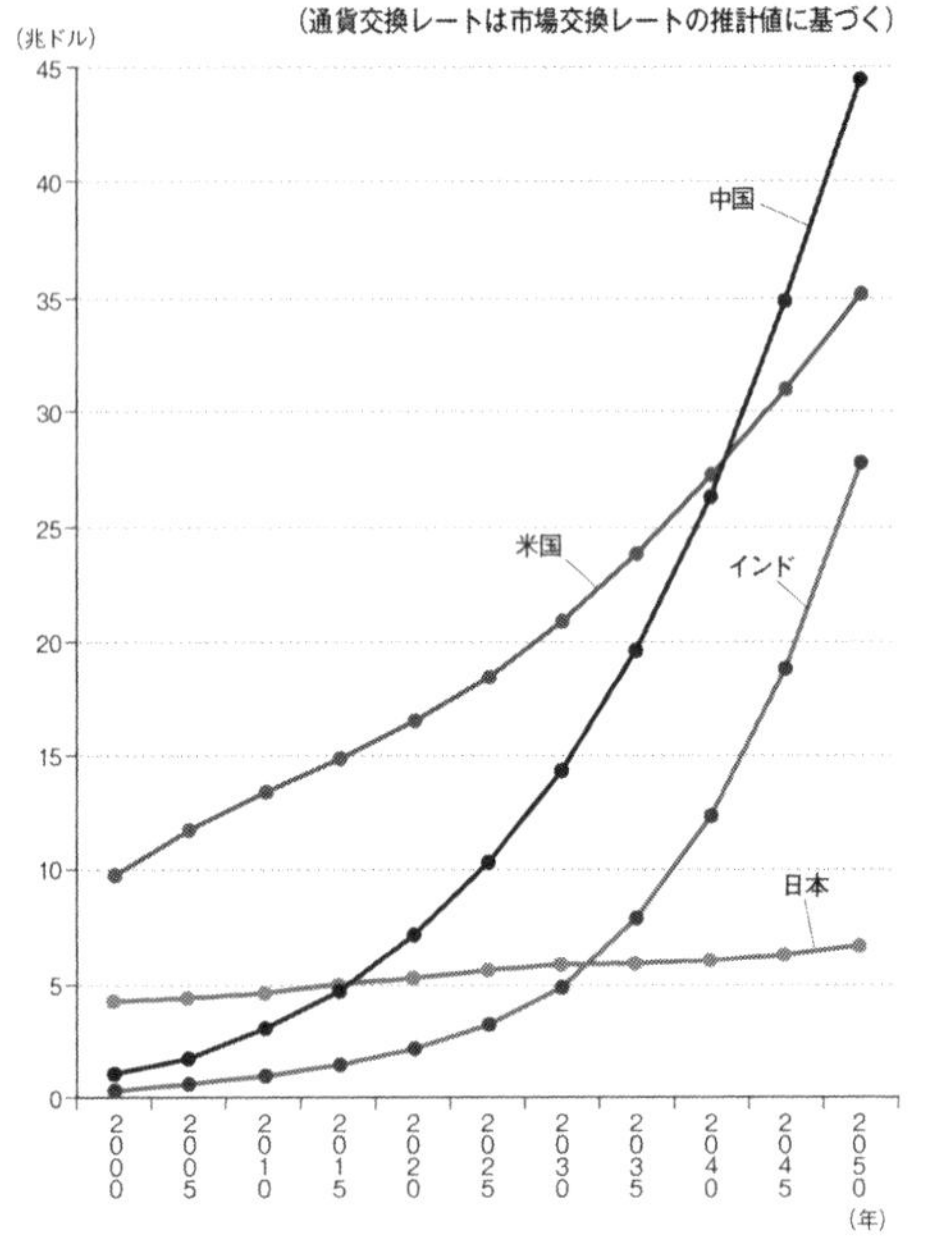

出典：ゴールドマン・サックス"Dreaming with BRICS: The Path to 2050"

い（図２）。中国がGDPで日本を追い越し、２０４０年を過ぎるとアメリカを軽く抜く。そのころには中国の姿は日本の遥《はる》か前方に飛び去り、後ろ姿も見えない。昇り龍が、アメリカを象徴する白頭鷲《はくとうわし》につかみかかる構図だ。

いや、「中国経済は見かけ倒しで、必ずしも右肩上がりにはならない」との気休めのような説はある。だがその間にも、カネの積み増しで軍事力も巨大化していく。すでに中国は、資金力にモノをいわせて最新鋭兵器を買いまくり、買えないものは技術を盗み出す。これらを組み込んでは「国産化」を自称している。

中国が世界ナンバー１になるとの予測に先鞭《せんべん》をつけたゴールドマン・サックスは、２０００年代の初めに「BRICs《ブリックス》」というアイデアを拡散した。この頭文字を形成するブラジル、ロシア、インド、中国の新興4カ国をこう呼んだ。当時、ブラジルは成長過程にあり、ロシアは油価など地下資源が好調で、インドは経済改革に向かい、そして昇り龍の中国がある。小文字の「s」の南アフリカを、成長によりいずれ大文字に格上げして「BRICS」とする場合もある。

ゴールドマン・サックスは、このように、中国が2041年あたりでアメリカを超えるとの予測を出していた。ところが2008年のリーマン・ショックを受けてアメリカ経済の足踏みが明らかになると、すかさず計算をやり直した。その結果、新たに2027年には、中国がアメリカのGDPを上回ると前倒しした。2027年はもうすぐ目の前だ。

これが世界の経済界を中心に一人歩きして、明日にも中国経済が世界経済を牽引《けんいん》する原動力になるとのイメージを植え付けた。投資銀行がこれらの国に投資案件を売り込むための方便の可能性もあるのに、「中国の夢」をかかげる中国自身がこれに飛びついた。共産党指導部は一時、GDPがこのまま2018年に至るまで10%から12%の成長が続くとの錯覚を抱き、逆にアメリカ経済の方は10%ずつ毎年縮小すると見誤ってしまった（エドワード・ルトワック『中国4・0』文春新書、33〜34頁）。

アメリカの戦略家エドワード・ルトワックは、「アメリカが下がって中国は上がる」という投資を売り込むための予測に飛びつく勘違いを「線的な予測」と名付けた。2010年当時、外務省のスポークスウーマンだった傅瑩《ふえい》女史が得意の英語を駆使して、盛んにこの「China up, US down」のプロパガンダ・フレーズを振りまいていた。

ゴールドマン・サックスの競争相手であるモルガン・スタンレー投資顧問のアナリスト、ルチール・シャルマがすかさず異議を申し立てた。彼は２０１２年秋の外交誌に「壊れたＢＲＩＣｓ」という論文を寄稿し、途上国の成長にはばらつきがあり、「先進国との差はなくなるというのは神話である」とするＢＲＩＣｓ悲観論を書いた。

シャルマによると、流行の経済予測は、中国とインドが世界のＧＤＰの半分を占めていた17世紀のように「アジアの世紀がやってくる」との見通しであるという。これに対してシャルマは、「中国がアメリカを抜き去るというのは杞憂《きゆう》に終わる」と結論づける。その理由を彼は、ＢＲＩＣｓを牽引する中国で人口の50％がすでに都市部に住み、農村部からの余剰人口が消滅する「ルイスの転換点」が近づいているとみた。この転換点を超えると賃金の上昇や労働力不足によって、経済成長はなるほど鈍化する。したがって、「ＢＲＩＣｓの４カ国が同時に成長しそうにはない」と展望している（Foreign Affairs, November/December, 2012）。

シャルマの指摘はもっともではあるが、「ルイスの転換点」だけでは、伸びの鈍化は説明できても、アメリカ経済を抜くか否かは、なお氷解しないのではないか。中国経済が年に数%でも上昇すれば、年2～3%のアメリカを追い抜くことになるのではとの疑問が残るからだ。

２０１８年に入ると、２０００年代にそのゴールドマン・サックスで「ＢＲＩＣｓ」の成長を強調していたジム・オニール（マンチェスター大学名誉教授）が、ルトワック、シャルマら「対中懐疑派」に対する反論をアメリカのＷｅｂ誌「Project Syndicate」で展開している。オニールによると、すでに中国の名目ＧＤＰは、日本の２・５倍、インドの５倍、ロシアの8倍になり、２０１７年単年度の1兆5千億ドルという経済規模の拡大は、スウェーデンの3倍に相当するし、なんと韓国の経済規模を1年で創出したことになる。

さらにオニールは、中国はなお「最新データでも、２０２７年前後にアメリカに追いつくことができる」と述べたうえで、「10年以内に、ＢＲＩＣｓは総じてＧ７諸国の経済に追いつくことになる」との予測まで確認した。

オニールの予測は、多くのエコノミストが注意を払う工業生産力よりも、むしろ消費がＧＤＰの40%近くまで上昇していることに焦点をあてている。２０１０年以降の中国の消費者は、世界経済に2兆9千億ドルを追加しており、それはイギリス経済全体の規模よりも大きいと指摘する。それがＥＵ離脱後のイギリスにとり、これまで以上に中国市場が重要になる理由になった（Project Syndicate, January 30, 2018）。

以上で分かる通り、中国経済の成長論者は、経済が上昇するとその理論的裏付けを並べたて、一転して下降すると、今度は懐疑論者が勢いを増してその理屈を饒舌《じょうぜつ》に語る。一般的に経済は、成熟するにつれて減速するとしても、中国が近い将来に３％を下回るまで落ち込むとは考え難い。

中国の人口は、アメリカの４倍の大きさなので、アメリカが成長率を加速させたとしても、いずれの日か中国が追い越すことになるのは避けられない。内閣府が２０１０年に発表した予測によると、２０３０年には中国経済が世界全体のＧＤＰに占める割合は23・9％に上り、アメリカの17・０％を凌《しの》ぐことになる。民間のシンクタンクの先行きの展望も、アメリカのＧＤＰが緩やかに減速する一方、中国のそれは４～５％で推移したとして、２０３０年前後には、市場価格で評価する米中の名目ＧＤＰは逆転すると予測している。多数説は30年前後の米中逆転を展望しているのである。

したがって、中国が世界一の経済力をつける日がじきに到来し、それに伴う国防費の上昇が、世界に何をもたらすか、考えておく必要があるのだ。

アメリカはナンバー2に耐えられるか

もう少し、巨大中国の成長ぶりを俯瞰《ふかん》しておこう。ハーバード大学のグレアム・アリソン教授は、国家安全保障の授業でテーマが中国にさしかかると、まずは学生たちに中国経済の伸びを数字で示して度肝《どぎも》を抜かせるのだという。それは1980年と2015年の35年間の米中両国の順位を示している。

中国の経済規模は、1980年が3千億ドル以下で、アメリカを100%としたときわずか7%しかなく、ランキング外だった。それが、2015年は11兆ドルに達し、61%に跳ね上がって世界第2位に躍り出た。貿易総額も2015年は1980年の100倍にあたる4兆ドルに達した。

この後のアリソン教授の事例がすごい。中国経済は2008年以降、2年おきにインド1カ月分のGDPに相当する成長を遂げている。そのペースが落ちた2015年ですら、5カ月おきにイスラエル1カ国分を加えるペースで拡大した。中国は1980年以降の成長は10%だった。それを、経済規模や投資が倍増するスピードを求める数式にあてはめると、「中国経済は7年おきに倍増した計算になる」というのだ。

なにしろ人口が多いから、これに労働生産性が高まるとさらに経済成長は一気に加速する。いまは、中国の労働生産性がアメリカの25%程度でも、今後数十年で50%近くに達したら、中国経済はアメリカの2倍になる。さらに、生産性がアメリカ並みになったなら、なんと経済規模がアメリカの4倍に膨らむことになる（グレアム・アリソン『米中戦争前夜』

ダイヤモンド社、19〜20頁）。これでハーバードの学生たちは真っ青な顔になり、本腰を入れて米中関係を勉強することを誓う。アメリカ人はなんでも世界ナンバー1に慣れているから、中国の追い上げによって、「果たしてアメリカは世界ナンバー1を維持できるだろうか」と不安に駆られるのだ。

ただ、中国の消費が伸びているとはいえ、主力の製造業に陰りが見えてきたことは彼らの心配のタネだ。

中国は「改革開放」政策で30年以上にわたって海外から製造業を誘致して「世界の製造工場」といわれるほどだった。しかし、シャルマがいうように労働賃金の急騰や元高による輸出の鈍化などで、海外からの対中投資が伸びなくなってきた。他方で、世界第2位の経済大国になったいまも、品質やブランド力で競争力のある製造業が国内では育たない。日本や香港などを訪れる中国人客が海外製品ばかり「爆買い」する現実に、習政権は強い焦りを感じてきた。

実は2025年は、これまでの「製造大国」から「製造強国」にする10か年計画「中国製造（メイド・イン・チャイナ）2025」の最終年にあたる。品質面で日米欧の後塵《こうじん》を拝《はい》する中国メーカーに対して、10か年計画によって政府が徹底した財政支援を行う。自動車など耐久消費財や家電製品、食品や日用品まで、中国の一般消費者に海外製品の人気がなお高いことがテコ入れの背景にあった。

　中国政府は育成すべき新興産業として、半導体やインターネットなどＩＴ（情報技術）産業、新素材やバイオ医薬品、航空機エンジンや大型ガスタービンなどを挙げていた。新興産業育成のため４００億元（約７０００億円）の基金も創設。李克強首相は全人代に示した「政府活動報告」の中で、国内メーカーが金融機関から資金を借り入れる際の金利を補助し、生産設備の減価償却期間を短縮してコスト削減につなげる制度改革を行うと表明した。どこまでも政府主導により、経済をかさ上げする国家社会主義の再来である。だが、政府がメーカーを強力に支援する輸出製品だから、どう考えてもＷＴＯが定めている「不当な輸出補助金」に該当する。

　しかも、この10か年計画は、成長政策に力点が置かれてはいるが、中国最大の弱点である高齢化社会を迎え撃つ産業の発掘は無視されている。中国の人口構造は、すでに２０１５年に労働力が頭打ちになり、２０２５年には労働力の供給が減少に転じる。そうなれば、自動的に産業構造も変化しなければならない。ロボット、機械工学、医療機器などハード面のほか、教育、介護サービスなどソフト面の充実が求められよう。それらに注意が払われなければ、産業のミスマッチは避けられず、そのツケは間もなく現れる。

　そこに至る前に、アメリカのトランプ政権は２０１８年３月、中国を知的財産権侵害で

ＷＴＯに提訴した。同時に鉄鋼・アルミニウム製品の輸入制限も発動したのだ。これに対して、中国はもとより、各国の反発を招き、批判の矛先はアメリカに集中している。しかし、知財侵害も鉄鋼・アルミ製品の輸入制限も元をただせば、中国のＷＴＯルールの違反や過剰生産に端を発している問題である。東京国際大学の大岩雄次郎教授は、これによりアメリカと同盟国であるヨーロッパが分断されることになれば、元来の「対中問題」が「対米問題」にすり替わる危険性を指摘している（国家基本問題研究所「ろんだん」）。

貿易戦争は「冷戦」の始まり

太平洋を挟んだ米中の貿易摩擦の背景には、「関与政策の終わり」というアメリカ対中政策の大きな転換があった。トランプ政権の「国家安全保障戦略」は、習近平の野望をアメリカの覇権に挑戦する修正主義とみて、安全保障と経済の両面から対抗する意思を明確にしている。貿易黒字の削減要求の裏には、米中激突に向けた長期の戦略目標が潜んでいた。

米中貿易戦争は２０１８年７月６日正午（北京時間）すぎ、ワシントンの事前布告どおりに中国製品に対する制裁関税の発動で始まった。直接の理由は、中国による国際ルールを無視した知的財産権侵害による長年の悪弊《あくへい》にあった。中国研究の第一人者、クレアモント・マッケナ大学のミンシン・ペイ教授は、この貿易摩擦が実は経済分野を飛び越えた米中覇権争いにつながる緊張の高まりであり、「潜在的に冷戦がはじまるという特徴がある」と指摘した（Project Syndicate, June 6, 2018）。

実は6月24日付の人民日報は、22、23日に4年ぶりに開催の「中央外事工作会議」で、習近平主席が既存の国際秩序に代わって、中国が新しいグローバル秩序を構築すると宣言したことを報じていた。この会議は、外交政策の戦略目標を決定するもっとも重要な会議で、共産党政治局常務委員7人のほか王岐山国家副主席、崔天凱駐米大使らが参加している。

この演説の骨格部分は、①新時代の中国の特色ある社会主義外交思想を指導方針とする、②グローバルな統治の刷新を主導し、完全なグローバルパートナー関係のネットワークを構築、③中華民族復興と人類発展を軸に、人類運命共同体の構築、④多くの途上国は、中国外交にとり天然の同盟軍である――など、中国を軸とする華夷《かい》秩序の構築を目指している。

大統領自身の発想が、狭量な「貿易赤字憎し」であったとしても、習近平の戦略目標が既存の秩序である自由、民主主義、人権、法の支配に代わる、社会主義外交思想に基づく秩序構築である以上、「アメリカ第一主義」のトランプ政権といえども看過できなかった。

トランプ政権の制裁関税の発動に対抗して、中国はただちに報復関税を発動させた。米中の輸送機と貨物船が、太平洋両岸の海と空の税関で、貿易戦争の最初の犠牲者になった。全米商工会議所のトーマス・ドナフュー会頭は、「関税は誰にとっても、価格を引き上げる増税と同じである」と嘆いた。

減税案を掲げるトランプ政権が「増税」とはどういうことなのか。確かに、貿易戦争によって高関税を払うのは外国企業ではない。自動的にモノの値段が上がって、つまりはアメリカの消費者が支払うことになる。すると、その分が政府の懐に歳入として入ることになるから、会頭のいうように「増税」と少しも変わらないことになる。

トランプ大統領の支持基盤であるアメリカ中西部の支持者たちは、はじめは追加関税に留飲《りゅういん》を下げても、やがては物価の値上がり、株価の値下がり、農産物は中国市場を失う懸念が現実化する。それは中国企業にとっても同じである。とはいえ、トランプ政権が中国の国際ルール無視の振る舞いに、乱暴ではあるが対抗措置に踏み切るのは当然なのだ。

周知の通り、中国の対外政策はどこまでも自己中心的である。広域経済圏構想の「一帯一路」戦略は、途上国のインフラ整備に高利で貸し付け、返済不能になると「租借《そしゃく》」名目で港湾などを巻き上げる。習政権の産業政策「中国製造（Made in China）２０２５」計画は、他国の技術を強制的に移転し、知的財産権の侵害さえも辞さない。南シナ海では、国際仲裁裁判所による中国に不利な裁決を「紙くず」呼ばわりであった。

太平洋を挟んだ米中の貿易戦争は、最先端技術の覇権争いに根差している。19世紀のパクス・ブリタニカも、20世紀のパクス・アメリカーナも、ともに技術開発能力がモノを言った。中国が21世紀中葉《ちゅうよう》までにパクス・シニカを遂げて世界に君臨するには、技術開発能力でアメリカを抜き去る必要がある。トランプ政権は「中国製造２０２５」をハイテク覇権争いの元凶として強く意識しているのだ。アメリカ商務省は先端技術が流出されないよう輸出管理を強化しており、財務省も中国企業による重要技術をもつアメリカ企業に対する投資を阻止する規定を策定している。連邦議会も、対米投資を制限する法案を可決し、全米の大学で最先端技術を学ぶ中国人学生に対するビザの発給条件を厳しくしているのも、そうした危機感の表れであろう。

もっとも、トランプ大統領のやり方が賢明であるとは思わない。トランプ政権の貿易政策は、中国だけではなく同盟国の貿易黒字まで標的にして、結果的に中国を利することになる。アメリカはカナダやヨーロッパにまで追加関税を課したから対抗上、彼らも報復関税の引き鉄《がね》を引かざるを得なくなる。そうなると、元凶の中国は国家の体面上からも、やはり報復に踏み切らざるを得なくなる構図だ。

こうなると経済ナショナリズムは暴走して、互いに引くにひけなくなる。トランプ政権の追加関税は、ＷＴＯに違反するから、中国の国際ルール違反をアメリカがルール違反で正すことに正当性がなくなるだろう。むしろ、トランプ政権がとるべき政策は、同盟国と協力して、中国の悪弊を封じ込めることではなかったか。

連邦議会では共和、民主両党が、アメリカによるインド太平洋地域への関与を強化する「アジア再保証イニシアチブ法案」を審議し、アメリカ政府に同盟国との関係強化、台湾への支援、多国間貿易協定の促進を求めることにしている。これにより、トランプ政権の危うい外交政策が軌道修正されることが期待される。ミンシン・ペイ教授の見立てが正しければ、米中は冷戦に再突入しつつあり、少なくともアメリカの対中強硬姿勢とインド太平洋重視は揺るがないであろう。

2025年までの「台湾統一」

自国経済の右肩あがりを信じてやまない「直線病」は、中国指導部や軍部に過剰な自信と大いなる傲慢さを抱かせることになった。「中国の夢」を追う習近平指導部にとって、人民解放軍は欠くことのできない中軸をなしている。毛沢東が「政権は銃口《じゅうこう》から生まれる」と述べたように、軍は共産党を支える存在であり、習主席のいう海洋強国や宇宙強国を目指すのも、そして経済圏構想の「一帯一路」の実現も、人民解放軍と切っても切れない関係にある。

習政権はその拡大路線にそって、軍改革に２０１６年から手をつけ、２０２０年に整備が終わる。人民解放軍は陸軍を中心に２０１７年末までに30万人を削減し、逆に海軍を15

%増強する。イギリス国際戦略研究所（ＩＩＳＳ）は、これらを手当てする中国の国防費が、２０２５年にはアメリカの国防費を追い抜くと早くから予測していた。

実は、この２０２５年という年に象徴される不穏な情報がアメリカから流れてきた。２０１７年10月に中国の軍事研究では定評のあるアメリカのシンクタンク「プロジェクト２０４９研究所」のイアン・イーストン研究員によって、習近平指導部が準備を進める「台湾侵攻計画」が暴かれたのだ。イーストンは例の著書『中国侵略の脅威』で、人民解放軍の内部教材などから「中国が２０２０年までに台湾侵攻の準備を終える」と書いた。

中国の台湾政策は、軍事的な併合を視野にいれつつ、他方で台湾人の人心掌握と、経済的な取り込みを実行している。台湾企業の対中投資と台湾人の中国内での就職優遇策である。これに対抗して、台湾政府も企業と個人の引き留め策に躍起だ。

では、２０２０年までに台湾攻撃の準備を終えた中国軍に、習近平指導部から実際にゴーサインが出されるのはいつなのか。イーストンは早ければそこから3年後に中台戦争が勃発すると示唆している。それによると、中国軍はまず、定石通り大規模なミサイル攻撃の後、台湾海峡を封鎖して40万人規模の解放軍兵士を台湾に上陸させる。台北、高雄などの都市を制圧し、台湾の政府、軍首脳を殺害し、救援のアメリカ軍が駆け付ける前に台湾を降伏させるというシナリオを描いている。

それを裏書きするような発言が、２０１７年の第19回共産党大会終了後に北京で開催されたシンポジウムで飛び出していることを、産経新聞が１面企画「紅い統一工作」で明らかにした。記事は習近平演説にあった「３つの歴史的任務の達成」の中に挙げられたうちの１つ「祖国統一の完成」が、台湾を中国の地図に加えることに他ならないとして、政府系シンクタンクの軍所属研究員が習発言に注目していた。その研究者は、習指導部が密かに計画していた２０５０年までに領土奪還の予定表を明らかにしたという。台湾統一が20〜25年で、尖閣諸島への侵攻は40〜45年を想定している（産経新聞２０１７年11月18日付）。

そのための準備はすでに着々と進められ、中国情報機関が、台湾軍の内情を探るため深く潜行しているという。著者が所属する国家基本問題研究所の企画委員２人が台湾のシンクタンク、台湾安全保障協会と行った会議でも、イーストンの著書が取り上げられた。台湾側はここで描かれた「台湾侵攻計画書」は１９９０年代にも台湾で出版されたことがあり、むしろ最大の問題は中国の工作によって「台湾人の危機感が欠如していることにある」と述べていた。実際に、２０１７年５月、台湾軍中枢の参謀本部ミサイル防衛指揮部の前指揮官、謝嘉康少将が、中国側に重要な軍事情報を漏《も》らしたとして、「国家安全法」違反容疑で拘束されている。台湾軍部内には、こうした中国の協力者がおり、摘発は氷山の一角ではないかとの観測がある。

ただ、近年はアメリカの専門家の中に、キッシンジャー元国務長官などの「再統一不可避」の見通しに、正面から疑問を投げかける研究者が出てきた。ワシントン・ポスト紙のジョン・ポンフレット元北京支局長は、ハワイ大学東西センターのデニィ・ロイ上席研究員とタフツ大学のマイケル・ベックリー教授のそれぞれの研究で、中国が台湾を奪取する能力に疑問を提起していることを紹介している（Washington Post, January 5, 2018）。

両者はともに、中国が台湾人の歓心を買おうとして行ったことが、逆に失敗しているとみている。20年前に台湾人の半数が自らを中国人と見なしていたものの、２０１７年の世論調査では、台湾人の４分の３が中台は別の国であると考え、１つの国と考えているのはわずか14％しかいなかった。さらに、中国軍が台湾攻撃する場合の継戦能力についても疑問を抱いている。

ロイ上席研究員は、中国が台湾に対して軍事的手段をとれば中国経済は大きな打撃を受け、たとえ戦争に勝利してもアメリカがアフガニスタンやイラクで直面したような泥沼状況に陥《おちい》るとみる。ベックリー教授もまた、封鎖、侵略、戦略爆撃を選択しようとも、台湾軍15万の反撃を受けるし、上陸に適する海岸は10％しかない。アメリカが台湾防衛に乗り出せば、８隻の潜水艦によって中国軍の上陸侵攻部隊の40％が撃沈されるとしている。

だが、台湾にとって客観情勢は厳しい。

習近平国家主席は強引な憲法改正で「終身主席」の座を勝ち取り、人びとに「中華民族の夢」を語る以上、核心的利益の第一に掲げる台湾の吸収は避けえないと考える。それを知るトランプ政権は、アメリカ艦船の台湾への寄港をはじめ、武器輸出にも積極的になっている。アメリカ議会もまた、武器の供給によりアジア太平洋地域の抑止力を高めるための「国防授権法」や政府高官の台湾訪問を認める「台湾旅行法」を通過させて、中国を牽制《けんせい》している。米中間に相互不信がある以上、2020年から2035年にかけて、台湾海峡から目が離せない状況が続くことになる。

2030年にアメリカ海軍と実力伯仲

現代中国の軍事戦略は、必ずしも目先の権益を確保するという視点だけではとらえきれない。とりわけ、いまの中国海軍は、習政権の数ある「夢」の中でもっとも重要な「海洋強国の夢」を実現する実力組織である。

アメリカの海軍大学のジェームズ・ホームズ教授と前教授であるトシ・ヨシハラは、彼らの著書『太平洋の赤い星』で、中国がアメリカ海軍の戦略家アルフレッド・マハン提督の海洋戦略を徹底研究して現代に応用していると指摘する。「海の軍拡路線」をひた走り、南シナ海と東シナ海の制海権を確保しようとゴリ押しをする。陸の国境はほぼ周辺国との国境画定が落ち着き、陸上で利益を失う無用な心配がなくなった。彼らはマハンの理論に忠実に、商業的利益と同時に海洋での優位性の追求を始めた。

共産主義イデオロギーが権威を失ったいま、中国の指導層は民衆を懐柔《かいじゅう》し、生活水準を引き上げることで自らの正当性を高めようとする。そのエネルギー確保のため、中東からのシーレーン確保がより重要になる。社会科学院の叶海林は、中国がシーレーン防衛に他国の海軍に頼ることは、「他人の短剣の下に己の首をおいて、血管の位置を赤インキで記して置くに等しい」と述べている（トシ・ヨシハラ、ジェームズ・ホームズ『太平洋の赤い星』バジリコ社）。

中国海軍の主要な任務はこれまで、本土を「沿岸防御」するだけの非力なものだった。しかし、帝国主義の時代を通じて侵略者は海からやってきたとの認識から海洋重視にシフトする。とくに、アメリカ海軍を阻止する接近阻止／領域拒否（A2／AD）戦略として、日本列島から台湾、フィリピンにつながる第1列島線の内側を防ぐ「近海防御」へ移行し、さらに外側の第2列島線で阻止する「遠海護衛」を追求する海軍につくり変えようとしている。

その中国海軍が将来的にどのぐらいの規模の空母、水上艦、潜水艦を保有することになるかについては、アメリカ海軍大学でも見積もりに若干の幅があるようだ。ただ、2030年代になると、間違いなくアメリカ海軍の艦船を量的に上回ることについては一致している。アメリカ海軍大学の予測によれば、中国海軍は２０３０年までに４３０隻以上の主要水上艦と、１００隻の潜水艦を保有すると見込まれる。アメリカ海軍の艦船建造30年計画では、現在の「展開可能な戦闘艦」が２７３隻から３０８隻に増加するとしている。これに対してトランプ政権は２７３隻から３５０隻にすべきと提案した。いずれにしてもアメリカ単独では、中国の艦船数に追いつかないことになり、今後15年の間に、中国海軍は規模、能力ともにアメリカ海軍を劇的に上回ると指摘される（Wall Street Journal, January 19, 2017）。

また、同じ海軍大学のアンドリュー・エリクソン教授は、右記ＷＳＪ紙と同じ頃の論稿で、アメリカ海軍艦船を３５５隻体制とした算定基準で割り出した中国海軍の隻数は、合計４１５隻になるとした。その内訳は水上艦３１６隻、潜水艦99隻という数字をはじき出している。そのうえでエリクソンは、作戦の熟練度などについては欠けるものの、中国海軍は「ハードウェア面においては、２０３０年までにアメリカ海軍とは質量ともに同等になる」として警戒感をあらわにしている（Chinese Naval Shipbuilding, January 15, 2017）。

こうした量的劣勢に対してアメリカは、既存の艦船に延命策を施《ほどこ》して量的確保を行う一方、同盟国との共同行動でバランスを保つことを考えている。また、中国の空母保有計画についてエリクソンは、国産空母の１番艦「山東」に続いて、２番艦「００２型空母」が２０２１年に就役し、２０３０年には４隻体制とする目論見《もくろみ》があると見積もっている。

「一人当たり国防費」という詭弁

軍事力は総合火力がモノをいう。そのためには経済力で基礎体力をつけなければ、軍事力という腕力は強化できない。「富国強軍」がスローガンの中国は、まさにGDPで世界第2位の基礎体力をつけ、それに応じた腕力はもはや筋骨隆々《きんこつりゅうりゅう》である。やがては国防費が、アメリカをも追い抜く勢いであることはご承知の通りだ。これで傲慢にならずに、大国としての品位が追いつけばよい。

中国外務省の華春瑩《かしゅんえい》報道官は記者会見で、「経済発展の水準に見合った国防現代化に、非難の余地はなし」などと居丈高《いたけだか》になる。あまりに力をひけらかして自ら中国脅威論を広げたために、アジア近隣諸国を対中抑止で結束させてしまった。そこで中国は、アジア諸国向けに道路、港湾建設の資金を融資するアジアインフラ投資銀行（ＡＩＩＢ）への参加を誘った。「力による支配」から「カネによる支配」へのイメージ転換であった。

国防費が依然として2ケタで伸びていた2015年4月に、華報道官がちょっとした数字のマジックで小さく見せる凄技《すごわざ》を見せてくれた。

この年の国防費は、前年実績に比べて10・1％増の8868億9800万元（約16兆9千億円）で、5年連続で2ケタ増を記録していた。日米による「突出した軍拡路線」という

中国から見た第一列島線と第二列島線

批判を想定し、華報道官がちょっとしたマジックを披露したのである。
「日本の人口は中国の約10分の1、面積では約26分の1だが、一人当たりの国防費では日本は中国の約5倍である。こうした状況の下でも、日本側が中国の正常な国防建設についてありもしないことを言いたてるのは、幾分か『酔翁の意は酒にあらず』(狙いはほかにある)ではないのか」(RP＝東京)
「一人当たりの国防費」という不思議な物差しを考案した上で報道官は、日本が「歴史を鑑《かがみ》」に平和の道を堅持し、「中国の脅威」を誇張することをやめよ、といつもの説教を続ける。中国のエコノミスト、林毅夫《りんきふう》は温家宝首相の言葉を引用して、「どんな問題も、中国の人口を掛け合わせるととても大きな問題になる。だが、その問題を中国の人口で割れば非常に小さなものになる」と述べていた。この規模が大きな制約となり、また可能性にもなるというお国柄である。日本が尖閣諸島を国有化した際も、中国は領有権の日中棚上げ合意を破ったと詭弁《きべん》を弄《ろう》した。中国が1992年領海法で、先に合意なるものを自ら破っておきながら相手に責任を押しつけるのは、都合が悪くなったときの常套《じょうとう》手段である。
来日する中国要人も、軍事費に話が及ぶとこの論旨を持ち出すから応答要領ができているのだろう。中国の巨大人口を分母にすれば、一人当たりの軍事費は自動的に減少する。すでに述べたように、軍事は総合火力がモノをいうから、大国と小国の争いを防ぐには、軍事力が人口と反比例しなければパワーは均衡しない。

日本は「力の均衡」によって戦争を起こさない抑止を考えるが、中国は地域で他を圧倒する「地域覇権」を考えている。この軍事力と経済力をもって、東シナ海では日本に、南シナ海でもベトナムやフィリピンに対して、自国の利益になるよう強制することになる。

慶應大学の細谷雄一教授は東アジアの「均衡の体系」が重要であることを強調し、「日本がパワーを低下させ、日米同盟が衰弱し、アメリカが東アジアへの関与を削減すれば、この地域に『力の真空』がうまれることになり、よりいっそう国際秩序は不安定になる」と述べている（細谷雄一『国際秩序』中公新書、３３２頁）。日本が安保法制をつくったうえで同盟の双務性を高める目的から「日米防衛協力のための指針」（ガイドライン）を見直す意義は、ここにあった。

米同盟軍を超える２０３５年

中国の全国人民代表大会は２０１８年3月17日、習近平を全会一致で国家主席に再選し、引退したはずの王岐山を前代未聞の国家副主席に選出した。この「習・王体制」のもとで、中国はすべての国力を結集して「２つ目の１００年中間目標」である２０３５年までにアメリカを追い越すことに全力疾走する。この全人代の憲法改正によって、習は共産党、人民解放軍、そして国家すべてのトップを独り占めにした。

中国共産党の内規は「68歳引退」だったが、習は盟友の王岐山を副主席に抜擢《ばってき》して風穴を開けた。これにより、２０２２年の次期共産党大会には69歳になる自らが続投できる布石を打っていた。一説には22年に毛沢東の地位であった「共産党中央主席」ポストを復活させて、院政を敷くだろうとの憶測がある。もちろん、そのかなめは潤沢な軍事費が投入できる経済力である。前章で述べたように、李克強首相は２０１８年3月5日開幕の全国人民代表大会で、ＧＤＰの成長率を６・５％としながら、予算案の国防費はＧＤＰを上回る８・１％に跳ね上げた。いかに習政権が、北朝鮮のような先軍政治であるかが分かる。

これに対し、アメリカ太平洋軍のハリー・ハリス司令官は同年2月14日の下院軍事委員会で、インド太平洋情勢について証言し、習主席が国家の優先事項に軍の発展を挙げたことに注意を喚起していた。特に習が、２０３５年までに近代化を完成させ、２０４９年までに世界一流の軍にすると宣言したことに触れ、「おそらく軍はもっと早く目標を達成するだろう」と、見通しを語った。

その意味についてランド研究所のコーテズ・クーパー上級研究員は、習政権下で行われている軍の近代化と増強が、「過去最大規模の事業」であり、軍の再編が「地域的かつグローバルな利益追求と一体の野心的な内容となる」とみている。

「中国軍はこの計画を実行すれば、2035年にはインド太平洋地域で陸海空、宇宙、サイバー、電磁波のすべての戦力でアメリカ軍とその同盟国軍と同等以上となり、アメリカ側に有事への対応を難しくさせるだろう」（アメリカ議会の政策諮問機関「米中経済安保調査委員会」）

複数の中国軍研究者によると、中国共産党の軍事戦略の基本は、「孫氏の兵法」に従って敵を威嚇《いかく》することにより、戦わずに勝つことであるとみている。孫氏は「兵力が敵よりも小さければ戦わず、敵の2倍あれば敵を分裂させ、敵の5倍あれば敵を攻め、敵の10倍あれば戦わずとも敵は屈服する」と教えている。東京国際大学の村井友秀教授は、中国軍はいまもこうした考え方にあり、当面、アジアの虎を狙う中国は、日本の5倍から10倍の軍事力を持とうとしているという（産経新聞「正論」2018年3月22日付）。

巨大な独裁権力を手にした習主席は、過去にもハーグの国際仲裁裁判所が、南シナ海を独り占めする「九段線」論を否定したクロ裁定を「紙クズ」だといって国際ルールを排除している。その強権主義は、世界の経済構造と安全保障に想定外の中国流の規範を押し付けてくる可能性がある。

独裁権力を手にした技に長《た》けているのは、ロシアのプーチン大統領で、習主席が独裁権力を手にした翌3月18日、大統領選挙でライバル不在のまま再選された。こちらは「2期12年」の制限をいじらなかったものの、傀儡《かいらい》をつくっていったん首相に退くと、6年後に再び大統領に返り咲く奇策でその座にもどり、さらに再選を重ねた。ウクライナに関する多国間の覚書を無視し、クリミア半島を併合するところなど、国際ルールを無視する習近平と似ている。ただし、プーチンの凄さは、現行憲法が禁じる連続3選をしなかったことをもって、「私は自分の都合のよいように憲法を変えたこともないし、現在もその計画はない」という開き直りである。逆に、傀儡をおいて返り咲く政治技術を誇示していた。

世界は、独裁者が問答無用の力で支配しているのであって、クロをシロと言いくるめることに、彼らはなんの負い目も感じていない。わが国の憲法9条に3項を設けることで、「自衛隊」を明記しようとするだけで大騒ぎしているイビツ国家とはわけが違う。中国の2035年戦略にどう対処しようとしているかをこそ、国権の最高機関で議論すべきではないのか。足の引っ張り合いだけなら、烏合《うごう》の衆《しゅう》と揶揄《やゆ》されるだけであろう。

新世代AIで世界制覇を狙う

台湾を威圧し、尖閣諸島の奪取を狙う中国に対抗し、アメリカの空母打撃群（6隻編成）は有事に中国が阻止ラインとする第1列島線の内側に入れるのだろうか。これまで、原子力空母にとっての脅威は中国の潜水艦攻撃であった。空母は防空システムを備えているが、基本的に対潜兵器はもたず、随伴する護衛艦の対潜システムに依存している。水中から発射される魚雷がこの巨体に撃ち込まれたら、5千人にのぼる乗員の命が危うい。

ところが、中国軍は近づくアメリカ空母に、AI（人工知能）の指揮を受けた無数のドローン群が襲いかかる構図を描いている。すでに2017年6月に、中国電子科技集団公司が119個のドローン群の飛行実験を成功させたとのニュースは、アメリカ国防総省を驚かせた。スズメバチのように無数のドローンに襲われては、空母が装備する近接防空システムの能力を超えてしまう。

アメリカはこれまで、技術力で常に軍事的優位を保ってきた。アメリカの強さは、日本軍による真珠湾攻撃のような国家危機や、ソ連の人工衛星に後れをとったスプートニク・ショックのような危機意識が煽られる時の強靭《きょうじん》さにある。冷戦時の1970年代に、核戦略でソ連に追い付かれると、精密誘導ミサイル、偵察衛星、ステルス戦闘機を次々に開発してきた。中国、ロシアに追い上げられたいま、アメリカは「第3の相殺《そうさい》戦略」として無人ステルス戦闘機、小型ドローン、無人潜水艦、電磁パルス、レーザーガンなどの開発に全力を挙げている。ところが、中国は「新世代AI開発計画」を発表して、2030年までにAIで世界をリードするとの野心的な計画を明らかにしている。

新アメリカ安全保障研究センターの研究員、エルサ・カニア氏は、そのAIが新しい軍事能力を生み出し、軍の指揮、訓練、部隊の展開まで変えることになり、従来の戦争形態

2017年	無人補給船「天舟1号」打ち上げ、宇宙実験室「天宮2号」とドッキング
	月探査機「嫦娥5号」打ち上げ、月サンプルの収集と地球帰還
2018年	月探査機「嫦娥4号」打ち上げ、月の裏側に初着陸
2020年頃	35機の「北斗」衛星群により、全世界での測位サービス開始
	衛星等による高分解能・全天候・24時間の地球観測システムの運用開始
	中国初の火星探査機打ち上げ
2022年頃	中国版宇宙ステーションの全面運用開始
2030年頃	新型ロケット「長征9号」実用化、有人月探査等に使用

図3「宇宙強国」に向けた中国の計画（出典：福島康仁氏作成）

を一変させ、大国間の軍事バランスを決定すると指摘した。中国はアメリカに次いでＡＩに関する特許申請が多く、論文数ではすでに凌駕している。アメリカの技術優位の揺らぎは、軍事的な優位が保証されなくなり、国際政治の力学をひっくり返すことにつながる（Foreign Affairs, December 5, 2017）。

中国のＡＩ技術はすでに、アメリカと肩を並べているとみるべきであり、それ以外の「第3の相殺戦略」でアメリカが重視する技術力でも、同程度の実力を蓄えているとみられる。カニア氏はアメリカが対中軍事技術で優位を維持するためにも、まずＡＩの技術開発で長期的な研究に惜しまず投資を行い、世界のトップクラスのＡＩ人材を集めるとともに、大学での教育計画を確立することを提案している。

それは日本の将来図を描くときも同様で、ＡＩの持つ意味を幅広く考える必要がある。日本でＡＩといえばロボットと組み合わせた介護システムに目が向きがちだが、周辺の腹黒い国々は軍事転用に血道をあげていることを肝に銘じておくべきだ。

それは、中国が2022年前後に有人宇宙ステーションの完成を目指す「宇宙強国」への道も、表向きは民生用を装っているが、実際はむしろ軍事目的に特化していることと同様である。中国はすでに2015年の国防白書「中国の軍事戦略」で、軍民融合を掲げて宇宙を取り上げ、その年の12月にはサイバー・電子戦に加え、陸海空、それにロケット軍を支援する戦略支援部隊を創設している。

部隊創設は中国が近代戦を「情報化局地戦争」ととらえ、情報を制する者が戦争を制するとの考えに基づいている。防衛省防衛研究所の福島康仁研究員によると、中国は人工衛星の運用数で、2016年にアメリカの576基に次ぐ181基で、ロシアの140基を上回っている。2020年には中国版のGPS（全地球測位システム）である「北斗」が、全世界で使用可能になる。2022年には中国独自の宇宙ステーションが完成し、10年を超える運用が始まる。

さらに2030年には、アメリカのアポロ計画で使用された史上最大のロケット「サターンV」に近い打ち上げ能力をもつ「長征9号」を実用化する構えで、宇宙探査を行う（図3）。ここに至って、中国の宇宙技術はアメリカと肩を並べ、制海権や制空権と同じように「制天権」の獲得を目指す（Wedge Infinity, 2017年2月3日）。トランプ政権は2020年までに宇宙軍を創設して、中露の動きに対処する。

人口という「バカの壁」

中国共産党の指導部は、赤い旗や花の海に囲まれる共産党大会で、右肩あがりの国力を誇示してきた。経済は2020年までの5カ年計画（第13次）で、GDP成長率は6・5％以上が設定され、2022年には有人宇宙ステーションが完成し、23年に中国経済がアメリカと肩を並べる。

その経済力をもって、2025年前後には国防費もまたアメリカを抜くことになるときては、真実とフィクションが組み合わさったバラ色の世界が広がる。

2035年は、習近平国家主席が2017年秋の第19回中国共産党大会で宣言した「2つ目の100年中間目標」の年になる。目標通りなら「社会主義現代化の実現」として、国民1人当たりのGDPが日米と並び、かつ追い越すはずである。もちろん、軍事力は最優先で予算を手当てしてあるから、人民解放軍はこの年までに「現代化を基本的に実現」されているだろう。

だが、そこには中国指導部が知られたくない大きな障害が立ちはだかっている。人々の理解を超えた「バカの壁」である。

財政のパイが大きくなれば、元祖、先軍政治の中国では、当然のように軍事費も膨らんでいく。ところが、巨大人口のゆえに厄介な〝自然増〟はほかにもある。増えていく年金や医療保険も半端な額ではないのだ。その巨大国家が、人口比のバランスを崩して高齢化社会を迎えれば、社会保障の収支はとんでもないことになるだろう。

人間は生まれた時から、死が約束されていることは歓迎したくない真実だ。生命の原則に従って、老いてくれば皮膚はたるみ、顔にシミができ、髪の毛は薄く、歯は入れ歯になる。腰や膝が摩耗して痛くなるのはまだよい方で、突然の病に倒れることもある。

昇り龍の中国とても、その例外ではない。主要国のエコノミストは、多くが右肩あがり信仰を「直線病」として疑問視している。一律60歳定年の中国だから、15歳から59歳までの生産年齢人口（日本は16～64歳）が、すでに2012年から建国後はじめて前年を下回った。危機感を抱いた当局は、悪名高い「一人っ子政策」の廃止を決定したものの、すでに後の祭り状態なのである。生産年齢人口、つまりは働いて生産する人々は、2011年の9・41億人をピークに減少し、2023年には9億人以下になり、2050年にはなんと6・51億人に急減してしまう。全人口に占める割合は、7割弱から5割にまで急降下する計算である（中国社会科学院・労働経済研究所）。

生産年齢人口のピークである2011年がすぎると、経済面でも2012年から成長率が低下しはじめた。当然ながら生産年齢前の14歳以下の子供と、生産年齢後のお年寄りからなる従属人口比率は、反比例して猛烈なスピードでぐんぐん上がる。日本経済も、まず石油ショックの後に2ケタ成長から5％前後の安定期に入った経緯がある。そして、バブル崩壊の後始末をやっているさなかに、生産年齢人口が減少し、従属人口比率が上昇していく悪いパターンだった。

人口のバランスが崩れてくると、年金や医療保険など社会保障の収支が悪化してくる。中国の直近のデータでみると、2016年の保険料収入から保険金支払いを差し引いた収支は6058億元、日本円で約10兆5千億円の赤字となった。この赤字幅は、15年前に比べて7割も拡大しているから、深刻さの度合いが分かるだろう。

この収支は、保険料を受け取る人が増えて2013年に赤字に転落し、赤字幅は年々拡大していく。社会保障収支の足を引っ張ったのは、これら従属人口比率の高まりだけでなく、普及の遅れた農民や都市の出稼ぎ労働者らを加入させたことも大きい。ちなみに赤字を穴埋めする財政補助は、5年前の2倍になっている（日経新聞2017年12月8日）。

中国の公的な年金、医療保険などを運営する7つの社会保障基金のうち、サラリーマンが加入する「企業従業員基本年金」の収支悪化が目立つようだ。2011年には1人の年金受給者を現役世代3・16人が支えたが、２０１６年は１人を２・８人で支えなくてはならなくなった。「一人っ子政策」の影響で、新規加入者の伸び悩みは避けられない道理だ。

今後はさらに、全人口に占める60歳以上の高齢者の割合が上昇していくから、赤字幅も公的資金からの財政補助も増加して、財政を圧迫していく。

もっとも、国連の世界人口予測で、２０２４年には、インドの人口が中国を抜いて世界一になるという。ちなみに、インドは２０２９年にＧＤＰで日本を抜き世界３位へと飛躍する（Foreign Affairs, November/December, 2017）。日本は、総人口の３割が65歳以上で、団塊《だんかい》の世代が75歳以上になるという「２０２５年問題」が生ずる。さらに投資銀行のモルガン・スタンレーによると、中国の総人口が頭打ちになるのがこの年であり、ＧＤＰでアメリカを抜くのは難しいと判断している。２０２７年には中国がＧＤＰでアメリカを上回るとの説をとるゴールドマン・サックスとは大きな違いだ。どちらが正しい予測かはまもなく立証される。

もっとも国連の人口予測は、中国の総人口がピークを迎えるのは２０２９年で、30年からは高齢者を上乗せしながら急減していくと見通している。

トレザイスの予言「日本の自滅」は中国にも適用できる

アメリカでかつて、日本が「ジャパン・アズ・ナンバーワン」ともてはやされた時代があった。１９８０年代後半から、半導体、自動車などの分野でアメリカとの摩擦を生み、一時は日本企業がロックフェラーセンターを買収し、コロンビア映画社も手中に収めた。日本勢に押されて、アメリカ国内には「アメリカは世界ナンバー1を維持できるか」との悲壮感さえ漂《ただよ》っていた。

ベルリンの壁が崩壊し、東西ドイツは統一され、世界に革命思想を振りまいたソ連が消滅した。だが、思想家のフランシス・フクヤマがいう「歴史の終わり」のレトリックが幅を利かせたのは、わずかな時間でしかなかった。私には歴史家のアーサー・シュレジンガーが、「人類より民族的、人種的な憎悪の時代に踏み込んだ」と指摘した方がアメリカの実態に近いように思えた。ソ連崩壊で歴史が終わったのではなく、歴史の新たな1ページが開かれたとの思いである。冷戦という覆《おお》いが取り払われて、地中から民族主義や原理主義がゾロゾロと這い出してきたのだ。

１９９2年2月初旬、産経新聞のワシントン特派員だった頃に、アメリカ国防総省に関係するアメリカ人コンサルタントから、「ペンタゴンは冷戦後の地域研究を非公式に進めている。その中に妙な対日報告書がある」と告げられたことがある。報告書のタイトルは『The End of U.S.-Japan Relations』。つまり日米同盟の終わりをさまざまな角度から検討し、アメリカのとるべき外交・軍事戦略を展開しているのだという（湯浅博『アメリカに未来はあるか』講談社、85頁）。

やはり90年代初めに、知日派学者のチャルマーズ・ジョンソンは「冷戦に勝ったのはアメリカではない。勝ったのは日本とドイツだ。これからは日本が脅威だ」とまで言っていた。世界でもっとも安定した同盟関係といわれた仲であっても、決して永遠のものではない。１９８５年以来、アメリカが世界最大の債務国に転落し、逆に日本は最大の債権国になっていた。そして、日本の対米黒字、投資が飛躍的に伸びたことから、アメリカの寛容性が徐々に失われていた。

イェール大学教授のポール・ケネディは大著『大国の興亡』で、アメリカの衰退を豊富な資料を駆使して立証しようとした。分厚い本の表紙には、主役たちの交代を印象付ける風刺画を使っていた。イギリス紳士がユニオン・ジャックを手に地球のてっぺんからずり落ち、星条旗をもったアンクルサムも浮かぬ顔で退場していく。代わりに地球の上部に足を引っかけたのは、日章旗を担《かつ》いだメガネの日本人ビジネスマンだった（ポール・ケネディ『大国の興亡』草思社）。

そんな「日本脅威論」が絶頂期にあった１９９０年代のアメリカで、私の知る限りただ一人、「やがて日本は自滅する」と予測した人物がいた。フィリップ・トレザイス元国務次官補である。彼は米外交誌の「日本は敵か」という論文で、流行《はや》りの脅威論を否定しながら、30年後の日本を見通していた。やがては65歳以上の老齢人口が４分の１に達して、「経済のダイナミズムが失われる」と衰退を予言したのだ（フィリップ・トレザイス「日本は敵か」ブルッキングス研究所、１９９０年）。

トレザイス論文は日本への警鐘《けいしょう》であったにもかかわらず、当時の日本でこれに注目する人はほとんどいなかった。アメリカ発の日本脅威論にくすぐられて、耳を貸すには不快すぎたのだ。忠言はやはり耳に逆らう。挙げ句の果ての体《てい》たらくである。

あれから30年近くが過ぎた現状を見て、トレザイスの慧眼《けいがん》には驚くばかりである。日本は人口減少によって学生が減り、まさに労働力が枯渇しつつある。いまは、日本失速という内なる敵をどう克服するかで、政治も経済も逡巡《しゅんじゅん》している。トレザイスがその後の「日本の没落」を見たら、なんというだろうか。残念ながら、彼は自説の正しさを見ないままに２００１年に亡くなった。

地球のてっぺんを目指す主役が、再び交代する時期がめぐってきた。おそらく、ケネディ教授が続編を書くとしたら、トレザイスの予言に従って、文字通り『大国の興亡　その後』によって大幅修正せざるを得ないだろう。あの表紙の風刺画も、日本人ビジネスマンは日章旗をたたんで退場し、代わって五星紅旗《ごせいこうき》を振りかざす中国の〝昇り龍〟が地球上部に足をかけているはずである。

トッドの予言「幻想の大国」

超大国に向かって驀進《ばくしん》する中国にとって、最大にして致命的な弱点は、出生率にある。やはり「トレザイスの予言」が示唆したように、中国の老齢人口が４分の１に達して「経済のダイナミズムが失われる」事態に至ることだろう。いまは亡きトレザイスに代わって、フランスの人口統計学者、エマニュエル・トッドが「中国の将来には悲観的にならざるを得ない」と述べて、次のような見方を示す。

「人口統計学者は、中国には人口ボーナスの時期と呼ばれる人口統計学的に好適な時期があったということを知っています。つまり、依存者がきわめて少ない時期、老人が少なく、子どもも少なく、膨大な労働力人口があった時期です。いまやこの局面は終わりつつあり、中国の人口は、史上未曾有《みぞう》の速さで高齢化し始めます」（エマニュエル・トッド『トッド 自身を語る』藤原書店、44～45頁）

「バカの壁」の節で述べた通り、早くもその兆候が現れている。30年以上も続いた「一人っ子政策」が災いして、２０１２年に中国国家統計局のいう「生産年齢人口」（15～59歳）が建国後初めて前年を下回った。中国の一人っ子政策は、食糧事情などの時代要請もあって

1979年にスタートし、廃止する2016年1月1日までの間、4億人もの赤ちゃんの出生数が抑制された。30代後半から幼児に至るまでの大半が一人っ子だから、一口に少子高齢化といっても、それは半端な数ではない。危機意識を抱いた当局が、ようやく2015年にこの政策の廃止を決定したが、悪影響は数十年と気の遠くなるほど先々まで続く。

しかも、二人目の出産が認められた2016年は大幅に増えたが、あっという間に政策効果が消えている。16年こそ前年比1311万人多い1786万人と高水準になったが、2年目の17年には前年より63万人少ない1723万人の出生数にとどまった。人口増を誘導している国家衛生計画生育委員会は「出生数は安定的に増える」との見込みだったが、思惑どおりにはいかない。原因は教育費の高さと幼稚園の数の少なさにあるらしく、国家が出産にまでくちばしを突っ込んできた罰である。30年あまり続いた一人っ子政策のツケは大きい。中国の65歳以上は2010年に1億1千万人、人口比で8・2%だったものが、10年後の20年には12%に跳ね上がる。さらに、30年に17%、40年に23%、50年に26・3%を超えて、ついに老齢人口3億5889万人の「老人超大国」が出現する。現役世代との人口比は、17年が5対1だが、50年には2対1になる。

比率の多寡《たか》では、「日本も27%を超えているではないか」と思う読者がいるかもしれない。ところが、全体主義の中国は、軍事費にこそジャブジャブとお金を回しはするが、年金や医療など人民の社会保障費の整備は怠《おこた》ってきた。とても、数億人を支える準備などできるはずがない。とりわけ、年金制度は財政が逼迫《ひっぱく》して破綻寸前なのだ。

中国人民大学教授の顧宝昌《こほうしょう》は、政府がどんな手を打ったとしても、大きな流れを変えるにはもはや手遅れだという。顧は「２０１０年以前にすべての産児制限を解除すべきだった。政府がいま、どのような対策をとったとしても、低出生率の傾向はもう反転できない」と絶望的に語る（Wall Street Journal, May 1, 2018）。

実際、中国の年金、医療などの社会保険料は年ごとにバラバラ。北京や上海では企業が賃金の３割、従業員が１割を負担し、２０１１年からは外国人にまで加入を義務づけた。すると、国際的にも高水準だから外国企業の負担は大きく、日本人の駐在員は日本と中国で二重払いを強いられる。すると、中国進出のうまみがなくなるから投資を控える要因になってきた。中国が２０１８年になって、対日外交を穏健路線に切り替えてこれらを改善したのも、日本企業の投資を促《うなが》したい狙いがあった。

現在の中国は、猛スピードで少子高齢化の道をヒタ走り、満足な社会保障制度もできないうちに高齢化社会を迎えてしまった。これが近い将来の社会不安につながる。さらにトッドは、「中国の均衡を取り戻すことなど誰にもできない」と懐疑的に語りつつ、中国経済の特徴を次のように分析する。

「経済テイクオフを決定した人たちというのは、中国共産党の人たちではなく、西側多国籍企業の経営者という点です。ですから私は、中国共産党が素晴らしい計画をもっているという考えは信じられません。とりわけ、国内総生産の40％から50％という投資比率は、スターリン時代のロシアの過剰投資を連想させる」

高齢化への十分な備えがないまま、少子高齢化社会に突入すれば、貯蓄の減少や消費の低迷は避けられない。投資だけがジャブジャブと水浸し状態の中国で、経済発展はそれなりに遂げても、そのすさまじい格差の拡大が止められない。そのイビツな経済がボディーブローのように効いて、残るのは、とてつもなく大きな不満だけだ。

北京大学の李建新《りけんしん》教授は「早ければ２０２０年ごろに、中国の経済と社会は深刻な事態を迎える」と不気味な警告をしている。年金不払いが起きれば、政府への不満が爆発する恐れがあるからだ（産経新聞２０１８年1月3日付）。

老いたパクス・シニカの脅威

経済成長の指標となるＧＤＰは、おおむね生産性と人口のかけ算だから、経済成長と人口減の進捗《しんちょく》はいわば〝競争状態〟になる。もしくは〝内戦状態〟というべきか。全体主義国家の常として軍事費の膨張は止められないから、国家だけは「強国」になっても、人民の未来はとても明るくなるとは言い難いのだ。

中国の場合、残念ながら先進国として人民が豊かになる前に、少子高齢化社会の荒波が押し寄せる。しかし、共産党指導部は庶民が事態の深刻さを知って不満が爆発することを恐れるから、国家の明るい未来ばかりを語っている。

習近平主席が共産党大会の演説で、21世紀中葉までに「中華民族が世界の諸民族の中に聳《そび》え立つ」とは、その典型的なスローガンだろう。指導部は「中国の夢」を語っても、経済の命運を決定づける人口問題の誤算については口をつぐむばかりなのである。

あの「トレザイスの予言」が、中国の将来にも確実に当てはまり、急速に老け込んだ老人超大国が史上はじめて出現することになる。しかもトッドは、男女の出生数の著《いちじる》しい差が、やがてゆがんだ社会構造を作り上げると指摘する。

国連統計によれば、中国の女子の出生を１００とすると、男子の出生は１１７、世界の平均は女子の出生１００に対し男子の出生は１０５か１０６程度である。１０７を超えると不均衡だから、いかにゆがんでいることか。これだけの差の理由は、「一人っ子政策」の下で女子の妊娠がわかると選択的に堕胎《だたい》を行っているか、出生しても当局に申告していないかのどちらかになる（トッド『問題は英国ではない、ＥＵなのだ』文春新書、１８９頁）。

アメリカの大手格付け機関ムーディーズ・インベスターズ・サービスが２０１７年に中

国を格下げしたのも、こうした高齢化が最大の理由だった。高齢者の介護に家計の貯蓄や政府の財源が使われ、高水準の公的債務の支払い能力が損なわれると判断していた。２０１７年の成長率が６・９％とまずまずであっても、ムーディーズは潜在的な成長率が今後５年間で、５％に減速するとみている（Wall Street Journal, May 1, 2018）。

ただ、中国がトッドのいう「幻想の大国」であったとしても、4～5％の経済成長が10年以上続けば、やがてアメリカを追い抜くことになるのは必定だ。中国当局の発表通りなら、いまでさえ日本の4倍に近い中国の軍事支出がさらに上昇し、イギリス国際戦略研究所の予測では、早ければ２０２５年にアメリカの軍事費を上回るという。

老け込んだ中国が、国内に内部矛盾をため込んだままなら、関心をそらすために周辺国に敵をつくって膨張しかねない。軍事力をもって沖縄県の尖閣諸島を奪取し、台湾の併合に動くかもしれない。あるいは、中国経済が落ち込んでくれれば、内部矛盾が爆発して共産党体制が倒れる「崩壊のシナリオ」も否定できない。一度、経済成長の甘い味を覚えた14億人（２０２９年に総人口がピークを迎える）の人民が、新しい居場所を求めて大移動することも起こりうるのだ。日本は米中２つの巨大国のはざまで、変則的なパクス・シニカの時代にどう対峙《たいじ》すべきなのか。全体主義の圧力に対しては、死を賭して自由を守る覚悟を固めざるを得ない局面すらありうる。苦闘はまだ始まったばかりだ。

（3章で取りあげる年表上のことがら）

2040年　中国のGDPが米国の3倍規模に

2045年　中国の人口が2017年のレベルを下回る

2049年　2049年戦略の完成、「中国の夢」実現へ

中華人民共和国創建100年「社会主義現代化国家」実現

人民解放軍を「世界一流の軍に全面的に築く」、世界一の国家へ

ピルズベリーのいう「世界覇権100年戦略」と時期が一致

2050年　「一帯一路」沿いの国々が世界経済成長の80%を占める

中国総人口の3割以上が高齢者に、超高齢化社会の到来

第3章　「２０４９年戦略」の終わり

世界覇権100年の「栄光」か

前章でみたように、「２つ目の１００年中間目標」の２０３５年までに、中国は国民一人当たりのGDPでも日米と並び、追い越す目標に向かって、国力を結集している。軍事力の増強も進み、人民解放軍はこの年までに「現代化を基本的に実現」する予定だ。さらに、IMF（国際通貨基金）の世界経済見通しが正しければ、すでにアメリカを抜いたGDPが、２０４０年にはなんと3倍の規模になっているはずである。

世界の人々はアメリカン・ハンバーガーの代わりに中華粥《ちゅうかがゆ》を食べ、コーヒーを飲まずにジャスミンティーをいただき、ハリウッド映画が香港映画や上海映画に代わる日がやってくるのだろうか。海外旅行の際には、ひょっとしてドルに代わって人民元を持ち歩かなければならないかもしれない。

こののち、思惑通りなら、習主席が「２つ目の１００年奮闘目標」に掲げた２０４９年に社会主義現代化強国として世界の頂点に立つことになる。それは、アメリカ国防総省の顧問だったマイケル・ピルズベリーが、『China 2049』で紹介した中国のタカ派が抱く１００年マラソンと、ぴたり平仄《ひょうそく》が合ってくる。

ひょっとして、国連本部はニューヨークから上海に移り、ＩＭＦ（国際通貨基金）は本部をワシントンから北京に移動しているなどということが想像できるだろうか。いや、実際にクリスティーヌ・ラガルド専務理事が２０１７年7月にその可能性を示唆したことがある。ラガルド専務理事は中国の成長がこのまま続くと、「10年後には北京本部でこうした会話を交わしているかもしれない」と述べ、ＩＭＦの議決権比率を見直す必要があると指摘した。シンポジウムでの彼女の発言に、ワシントンの会場には冗談かと思って笑いが広がったが、専務理事は「経済規模が最大の国に本部を置く」とのＩＭＦの条項を紹介したうえで、その可能性を指摘した（ロイター２０１７年7月25日付）。親中派であるラガルドの面目躍如《やくじょ》たるものがある。

それはどんな世界なのだろうか。空気は清浄なのか、汚れたままか。抑圧されてきた人々に、ほんの少しばかりの自由は許される世界なのだろうか。習近平主席は90歳近い高齢で、政界を引退しているだろうから、ポスト習はあのオーウェルの小説『１９８４年』のような独裁者ビッグ・ブラザー並みに冷酷な人物なのだろうか。ひょっとして、習が生き永らえ、最長老として院政を敷いているなどという構図は考えられないか。そして日本は、大半の土地が中国人に買収され、街は華僑《かきょう》・華人であふれ、円は人民元に駆逐されているだろうか。

しかし、それは習主席が掲げた一方的な「パクス・シニカへの工程表」であって、彼自身の失脚だって考えられないわけではない。いずれにしろ、中国指導部にとっては、そこに至るまでに多くの際どい綱渡りがあると考えるだろう。まずは、先に指摘した巨大な人口の「バカの壁」を乗り越えなくてはならない。さらに、人びとの生活水準が一定のレベルに達すると、頭をもたげる政治参加への意欲にどう対処するか。これまでのように、武装警察を使って彼らを排除し続けることが可能なのか。

中国の人口は、２０３０年に高齢者の数を上乗せしながら急減し、２０４５年には逆に「２０１７年レベル」を下回ってしまう。そして２０５０年には、総人口の３割以上が高齢者になって「超高齢化社会」が到来するとみられる。

世界覇権100年の「奈落」か

北京大学中国経済研究センターの姚洋《やんよう》所長によると、中国は毎年少なくともアメリカ経済よりも１・７％以上成長すれば、２０４９年には、彼らのいう「金持ちクラブ」の〇

ＥＣＤ（経済協力開発機構）に加盟することになる。アメリカ経済が２％の長期成長率を維持するとすれば、中国は毎年３・７％の成長が必要となる、と彼は見積もる。中国の成長率が２０４９年まで２％に減速しても、平均は少なくとも４％に達するという（Project Syndicate, February 13, 2018）。

しかし、中国が普通の西側民主主義社会が達成しているような機会均等、個人的な快適さ、公共サービスの近代化を追求しているかは、決して収入の多寡《たか》だけでは測れない。政府が取り組んできた汚染工場の閉鎖、家庭用暖房の石炭から天然ガスへの切り替えに加えて、汚染された川、湖、土壌そして大気の改善にかかるコストは膨大になるだろう。

姚洋所長はさらに難しい障害として、とりわけ中国の政治制度を挙げている。彼は「ダイナミックな市民社会にとって民主主義は不可欠であると広く考えられている」と、間接話法で事実を語る。その上で、中国当局は「いかなる形でも、選挙民主主義を導入しないことを決定している」と、賛否を示さずに淡々と述べる。

民主主義はシステムで保障されるから、選挙を伴わない民主主義はありえない。だが、中国は人民民主主義を標榜《ひょうぼう》しており、そうした自己矛盾をもいとわないのだ。姚洋所長は困難を知りながら、「この選挙民主主義を引き続き排除しながら、これらの要求を満たすガバナンス・モデルを見つけなければならない」と、無理な条件をあげていた。

中国が豊かになれば国民が自由や民主化を求めるというのは、西側諸国のうぶな感性なのだろうか。習近平主席は２０１７年秋の共産党大会で、民主国家になることを明確に否定している。あくまでも「特色ある社会主義の偉大な勝利」なのであって、抑圧的なチャイナ・モデルに自信を深めていた。当然ながら、中国共産党指導部は人間が自然に抱く「自由への欲求」をかわす手立てを考えざるをえなくなろう。古典的な政治手法でいえば、外に敵をつくって人々の不満をそらすか、力で欲求を封じるしかない。

全体主義の延命を至上命題とする中国指導部は、ナチスドイツの崩壊とソ連の終焉《しゅうえん》から多くを学んだ。ナチスは12年間続き、それが自壊する前に第2次大戦が起こった。ソ連は70年以上も続き、崩壊するまでには何十年もの冷戦による対決を必要とした。オックスフォード大学のスティン・リンゲン名誉教授は、「歴史は、中国の全体主義が容易に突き進むことができるとは示唆していない」と断じている。

中華人民共和国とはまさに、フィクションの上に真実をまぶした共産党主導の全体主義国家である。この国の巨大官庁組織から、２００万人以上の人民解放軍、省はじめすべての地方組織、企業、大学、そして末端の町や村にいたるまで共産党組織がある。そこでは、党書記たちが強力な権力を行使し、思うままに人々を支配する。彼らは配下の人々を観察し、不審な動きを上部機関に報告し、さまざまな決定を繰り出していく。

対外的にも、その強大な軍事力で西太平洋の支配を試みており、とくに南シナ海のおよそ140万平方メートルのうち120万平方メートルを「中国の海」とすることに成功して、力で支配した。その広さは、ほぼヨーロッパ大陸に匹敵《ひってき》する。その経済力によって世界の企業に影響力を行使して、チベットの精神的指導者ダライ・ラマが立ち寄ることを拒否させ、人権侵害を目立たぬように行使する（Real Clear World, October 17, 2017）。

現代化強国を達成して「2049年戦略」が終わっても、中国共産党が続くものと仮定するなら、人民を支配する抑圧政治は終わらないことになる。

「一帯一路」への誘惑

習近平国家主席が海上シルクロード構想やAIIB（アジアインフラ投資銀行）を包括する経済圏構想「一帯一路」を打ち出したのは、2013年であった。習政権は、この「一帯一路」で大胆な投資プログラムを開始した。インフラ投資や製品輸出の拡大で、シルクロードで栄えた時代のように西へと翼を広げる。海のシルクロードである「路」と、陸のシルクロードたる「帯」を売り込み、これを一体化して、アメリカを凌駕《りょうが》するような超大国を目指す（一帯一路については次章で詳述）。まさに白髪三千丈《はくはつさんぜんじょう》のような「中国の夢」であり、実現は不可能でも実行は可能だろう。

「一帯一路」構想の主要ルート

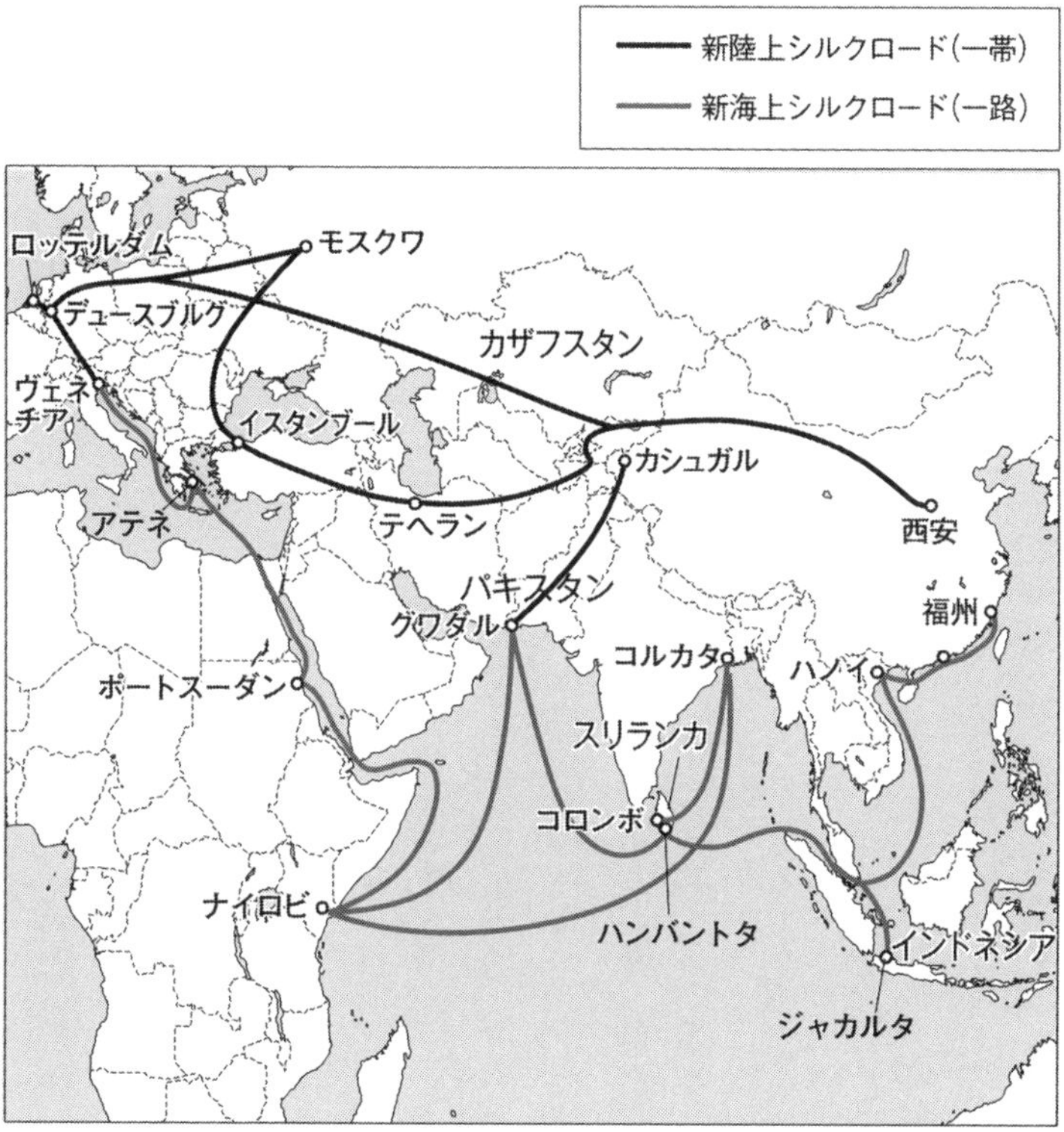

２０１５年に公表された公式文書では、13年から16年のフェーズ１が「動員段階」であり、16年から21年にフェーズ２の「企画立案段階」に入る。そして、フェーズ３の「実施段階」は習主席の新任期が切れる１年前の21年に開始され、そのまま奮闘目標の49年まで続く。かくて「一帯一路」は、習のいう「社会主義現代化強国」の夢と重なって、21世紀中葉までカバーすることになる（Asia Times, October 21, 2017）。習主席は２０１７年初めのダボス会議などの国際会議で、「一帯一路」のケタ違いのスケールを宣伝してきた。同年秋の中国共産党大会でも、これを「人類の運命共同体」にまで格上げして、地政学的なゲームチェンジャーとして２０４９年に向けて推進することを表明していた。

海のシルクロードは、南シナ海からマラッカ海峡を抜けてインド洋に至り、中国が99年間も租借《そしゃく》したスリランカのハンバントタ港を経由し、中国海軍は紅海に面したジブチの港を「借金のカタ」として分捕り、初の海外基地をつくった。この海上ルートに沿って、拠点をつなぎ、アメリカの海上優勢に挑戦していく。トランプ政権の「国家安全保障戦略」は、中国による海のシルクロードを「自由貿易の流れを危険にさらし、沿岸国の主権を脅《おびや》かし、地域の安定を損なう」と述べている。

海のシルクロードは、アメリカ海軍の歴史家、アルフレッド・セイヤー・マハンの地政学を模範とし、陸のシルクロードもまた、ランドパワー時代を予言したイギリスの政治家、ハルフォード・マッキンダー卿の地政学『マッキンダーの地政学』（原題は『デモクラシーの理想と現実』）に依拠しているようだ。

「一帯一路」の地政学

マハンは、1890年の論文『マハン海上権力史論』で、海洋力は世界的な覇権の道具であると主張し、この地政学理論が中国の軍事戦略家の心をとらえて離さなかった（具体的には本章後半で述べる）。地域覇権を狙う中国は、まず南シナ海で勢力拡大を試してきた。南シナ海では2017年までに7~8つの人工島をつくり、徐々に軍事的なリスクを高めていった。15年9月に訪米した習近平主席は当時のオバマ大統領に「南シナ海を軍事拠点化することはない」と約束しながら、平然と破ってきた。このとき、ウッディ島（永興島《えいこうとう》）の2700メートルの滑走路は、中国の大半の戦闘機が運用可能になっていた。

2016年7月の国際仲裁裁判所の裁定は、中国が主張する南シナ海の島嶼《とうしょ》を独り占めする「九段線」論を否定し、環礁などを島とは認めない決定をした。しかし、国際法はハードパワーの前に無力だ。中国は海軍力に加え、漁民を訓練した海上民兵を駆使して自国の主張を貫いてくる。

他方、マッキンダーは1900年代初頭の地図でユーラシア内陸部をハートランドとし、

「ハートランドを支配するものが世界島を支配し、世界島を支配するものが世界を支配する」として、ドイツとソ連の膨張を恐れた。マッキンダーの地政学に注目したのが当のナチスドイツであった。彼らには、地政学が第１次大戦後の国際連盟体制で封じ込められた規範を転換する理論に見えた。ハートランドを制する理論は、同様に、中国の「一帯一路」の陸のシルクロードを支える支配イデオロギーになった。

陸のシルクロードの終着点はヨーロッパである。そのＥＵの大使会議が２０１８年４月、中国主導の「一帯一路」構想を批判する報告書をまとめた。その中で「貿易を自由化するＥＵの議題に反し、補助金を受けた中国企業に有利に働く」と、不公平なシステムを突いている。表向きＥＵ企業にも国際的な参加を求めながら、実際にはインフラ・プロジェクトの89％が中国企業によって実施されているのが実情だからである。とくにＥＵが懸念しているのは、この構想に巻き込むための中東欧16カ国と中国との「16プラス１」が発足し、中国企業による寡占《かせん》状態でＥＵ企業が脅かされていることだ。今回の報告書への署名に、ＥＵ大使28人のうち、ハンガリーの大使だけが反対したことが、この構想の特徴を物語っている。ハンガリーに対する中国の投資は右肩上がりで、中国の金融機関とハンガリーの連携企業は、ＥＵを迂回《うかい》して入札を閉鎖しようとしたため、透明性のある入札が採択されるまでＥＵにより入札が停止されたことがあった。中国による中国のための「一帯一路」であることを、ここでも暴露されている（Project Syndicate, April 21, 2018）。

中国はこの構想により、エネルギー資源へとアクセスを広げ、余剰生産能力を輸出し、戦力投射のための戦略的な足掛かりを外交力で確保する。もとより、そこに民主主義的な透明性はなく、文字通り古代中国の覇権を意味する「パクス・シニカの拡大版」である。

2050年までに世界のGDPの8割に貢献？

日本に対しても「一帯一路」構想への〝入会〟に、大陸から使者がやってきては要人を誘っていた。大物の訪日としては共産党中央対外連絡部の宋濤《そうとう》部長で、中国外交のトップである。宋部長は２０１７年８月に日本各地を行脚《あんぎゃ》して、いわば「一帯一路」構想のトップセールスを行った。

その理由は、ほとんどの投資家が二の足を踏む、投資に不向きな地域をシルクロードが横切っているからだ。ブルームバーグ・ニュースによると、「一帯一路」に関係するとリストアップされた68カ国のうち27カ国は、国際格付け会社によってガラクタ債権のジャンクまたは投資不適格以下と評価されている。とくにアフガニスタン、イラン、シリアを含む14カ国は、文字通り格付け要求を取り下げている。中国の狙いは、直《ただ》ちに経済的利益を稼ぎ出す期待より、むしろ、アメリカと競争する地政学的な理由があるのかもしれない。

楽観的な見方としては、マッキンゼー社のように、この事業が世界の経済成長の80％に貢献する地域に拡大し、２０５０年までに30億人を中産階級へと導く可能性を秘めているという。だが、さすがのマッキンゼーも、一帯一路の道筋にはさまざまなリスクが潜んでいることを隠していない（Bloomberg News, October 26, 2017）。

同社によると、ミャンマーの水力発電事業には、政治的な混乱と環境破壊に対する反対が起きていた。サウジアラビアの路面を走る軽量軌道「ライトレール」プロジェクトでは、財務評価が怪しく、効果的なリスク管理ができていない。しかも、中国政府が行くところ、中国国有企業が付き従う。ビジネス利益よりも中国の国家利益や軍事的な利益がからんでおり、相互利益にかなうか否かの不信感がぬぐえない。

２０１７年の最初の９カ月間に、中国の国内企業は57カ国に96億ドルを投資した。アメリカン・エンタープライズ研究所は「中国の大半の支出は経済的利益をもたらさない」と分析しており、綱渡り状態であることを明らかにした。実は、その実行部隊であるはずの国有企業が、「一帯一路」関連の投資を大幅に減らし、伸びは鈍いのだ。中国の不動産バブルの崩壊への懸念やアメリカ金利の上昇など巨大な資本流出が起きかねないからだ。資本規制を緩めると外貨準備が底をつく警戒感さえある。

したがって、習政権は世界最大の対外金貸し国である日本の「一帯一路」やＡＩＩＢへの参加が、ノドから手が出るほどほしいのだ。来日した宋濤部長は、本心では日本に是非でも加盟してほしいのに、お願いする方の頭《ず》が高い。隆盛を誇った華夷《かい》秩序への誘いであるかのように、本人は皇帝の命令書を授けにきた冊封使《さくほうし》のごとくふるまった。

宋濤部長は日本滞在中、「一帯一路の枠内での交流と協力を促進したい」という政治的な発言を繰り返し、安倍首相はじめ、日本の各政党の代表や経済界に売り込んでいた。とくに、仙台で開催した日中与党交流協議会では、自民党の二階俊博幹事長と公明党の井上義久幹事長らチャイナハンドの友好人士と親交を深めた。

「一帯一路」ではすでに、パキスタン、ラオス、ミャンマー、インドネシアで鉄道や港湾、発電所が建設されている。次章で詳述するように、この構想は民主主義や透明性からは程遠い、自国製品の輸出を増大させ、中国の中国による中国のための利益の追求である。パキスタンのグワダル港のように中国海軍の補給基地になるのがオチだ。その強引な手口から、すでに南シナ海、インド洋、アラビア海など沿岸の港湾建設をめぐる地元の反発が起きている。いつもの通りなら、中国のエリートたちは現地でしっかり私腹を肥やすだろう。ブリンケン前米国務副長官によれば、中国の対外投資は地元の労働者の代わりに中国人労働者や請負業者を使用し、貧困国に巨額の負債を抱えさせる。さらに、汚職を助長し、搾取的な構造を残す可能性がある（New York Times, November 8, 2017）。

「日出づる処の天子」の道

２０１７年５月に北京で開催された「一帯一路国際協力フォーラム」は、さすがに巨大な外交ショーであった。１３０カ国以上が代表を送り、29カ国の首脳が参加した。西側で参加した国は、もちろん分け前にありつきたいためで、Ｇ７（先進国首脳会議）ではイタリアだけが首脳を送った。インドのモディ政権が会議をボイコットしたのは、印パの係争地カシミールを「中パ経済回廊」の対象地としているためである。日本はこのとき、中国になびくヨーロッパ勢を冷ややかな目で見ていた。ようやくドイツをはじめＥＵ諸国も、実態は「多帯多路」なのに、中国による中国のための「一帯一路」の経済圏構想であることに気づいたようだ。

２０１７年６月、安倍首相は日経新聞主催の「アジアの未来」の夕食会で講演し、「一帯一路」構想に、条件がそろえば日本も協力していきたいと述べた。随分と気を持たせた言い方であった。こちらは「無理だな」と考えるが、中国側は「脈あり」と考えた。首相のいう条件とは、「国際社会の共通の考え方を十分に取り入れる」ことであり、「自由で公正な経済圏に良質な形で融合する」こと、もって「市域と世界の平和と繁栄に貢献」することだという。すると、中国外務省の報道官が「願望を、真の政策と行動で示すことを希望する」と述べた。入れてやってもいいけど、恭順の意を行動で示せと聞こえる。とたんに反応した中国のネットは、勝ち誇るように「謝罪してからにしろ」と言わんばかりだった。

安倍政権の真意は、加盟していないアメリカのトランプ政権が、国内経済界に押され、突如として気が変わったときの備えであろう。とても、首相が条件とする「国際社会の共通の考え方」や「自由で公正な経済圏」が可能とは思えない。だが、「脈あり」派は、日本を抱き込めれば資金不足を補えるし、何かと中国とぶつかる日米を分断できると考える。

習主席はいま、最高権威として諸外国へ「人類共通の運命共同体」の傘下に、「一帯一路」を通じて入るよう求めている。かつて、すべての道は帝国ローマに通じたように、習という皇帝の支配下では、高速鉄道も世界の航路もすべての道は北京につながる。

しかし、すでにイギリス、オーストラリア、ニュージーランドが「一帯一路」への支援を拒否している。不思議なことに多くの中国企業は、実はさほど関心を示していない。むしろ、不採算事業を手伝わされるとの警戒感があると伝えられる。中国は例によってトップダウン型経済だから、実行はできても実現は難しい所以《ゆえん》である。

そこで安倍政権は、聖徳太子が隋《ずい》の皇帝に宛てた手紙のように、現代版の華夷秩序には加わらない旨《むね》を穏やかに、かつ毅然と返礼すべきではないか。

「日出《ひい》づる処《ところ》の天子、書を日没《ひぼっ》する処の天子に致す。恙無《つつがな》きや」

「トゥキュディデスの罠」のワナ

米マイアミ大学のジューン・ドレイヤー教授が2017年7月、国家基本問題研究所（櫻井よしこ理事長）が主宰する日本研究賞の受賞講演で、「トゥキュディデスの罠《わな》」という米中戦争の可能性に言及した。北朝鮮によるミサイル発射実験の陰に隠れ、「中国との戦争」という重い命題が再び米国で議論されていることを示した。

「トゥキュディデスの罠」とは、現行の覇権国が台頭する新興大国との間で戦争することが避けられなくなるという仮説を指している。紀元前5世紀に起きたアテネの台頭と、それに対するスパルタの恐怖が、避けることのできないペロポネソス戦争を引き起こしたとする考えだ。これを現在の米中間に当てはめて論じられている。ドレイヤー教授は、来日前にワシントンで出席した会議で、この「トゥキュディデスの罠」が議論になったと述べた。彼女自身はアメリカがスパルタのような軍事国家ではなく、まして中国がアテネのような民主国家でもないとして、その前提に疑問を呈した。米中は厳しく対峙《たいじ》しながら互いに重要な貿易相手国であると認識し、戦争にまでは至らないとの見解を述べた。

米中戦争の蓋然性《がいぜんせい》を指摘するのは、長く「トゥキュディデスの罠」の危険性を研究してきたハーバード大学のグレアム・アリソン教授である。2016年9月に米誌で発表し、翌年4月にも米誌「ナショナル・インタレスト」(電子版)に「米中はどう戦争に踏み込むか」を発表して論議を巻き起こしている。5月末には、新著『運命づけられた戦争――米中はトゥキュディデスの罠を回避できるか』(邦訳『米中戦争前夜』)を改めて世に問うた。この本の冒頭でアリソン教授は、次のような覚悟を持つよう警告を発している。

「トゥキュディデスの罠を逃れるためには、考えられないことを考え、想像できないことを想像しなければならない。現代の米中両国がトゥキュディデスの罠を回避することは、歴史の弧を曲げるほど至難のわざなのだから」

アリソン教授は過去500年間のヨーロッパとアジアの覇権争いを研究し、16件で「台頭する国家」が「支配する国家」に取って代わる可能性があった、そのうち12件が実際に戦争に突入している。米中は互いに望まなくても戦争を起こしかねず、数年後に⑴南シナ海で米中軍艦の衝突、⑵台湾で独立機運の高まりから緊張、⑶尖閣諸島をめぐる日中の争奪戦、などが引き金となり、米中が激突する事態に至ると見通している。ランド研究所の試算では、米中衝突によってアメリカの国内総生産が5%下落し、中国は25%まで急落すると予測する。

アリソン教授によれば、新興大国には尊厳を勝ち取りたいとの「台頭国家症候群」があり、既存の大国には衰退を意識する「支配国家症候群」が、国際会議などで表面化する。

それより先にドイツで開催されたG20首脳会議では、中国の習近平主席が「高まるうぬぼれから影響力の増大をはかった」し、トランプ大統領は台頭する中国を「恩知らずで危険な存在とすら見なす」傾向がみられた。トランプ大統領は２０１７年4月の米中首脳会談以来、中国に対して北の核開発停止への圧力を期待したが、思わしくなかった。トランプ政権はまもなく、南シナ海の人工島近くで「航行の自由」作戦を再開し、同時に台湾に大型武器を売却、北と取引のある中国企業2社と人物に制裁を発動した。

アリソン教授の提起に対して、米誌で賛否が巻き起こった。こうした論議も含めて、アメリカには中国の台頭によって生じた「構造的なストレス」から、偶発戦争を引き起こしかねないとの懸念がある。日本は米中衝突の、いわば最前線にあり、「トゥキュディデスの罠」がもつワナに落ち込まぬよう万全の備えを怠《おこた》るべきではない。

日本は経済力が伸び悩み、軍事力は貧弱であり、教育の低迷によって、衰退ぶりは明らかだ。とても、与野党が足の引っ張り合いをしている余裕などありはしなかった。まして、膨張する中国を抑止すべく集団的自衛権を一部認める安保法制にまで反対する左派リベラル勢力の近視眼的な行動は度し難い。いまの日本経済は好調なのに、ジワジワと迫り来る長期的な不安がぬぐえない。人口減少に歯止めがかからず、エネルギーの獲得競争に相次いで敗れ、日本が誇った技術力にもかげりが見える。教育の劣化やモラルの崩壊は目を覆《おお》うばかりだ。左派勢力のやるべきは、思い切りの悪い政府の成長政策や軍備の不足を突き、理数科教育の底上げを図り、そして少子化対策を提言することではないのか。

２０１８年1月に国立社会保障・人口問題研究所は「日本の世帯数の将来設計」を発表し、65歳以上の高齢世帯は２０４０年に全世帯の44・2％を占めると明らかにした。２０１５年の36％から大幅に増え、半数に迫る勢いなのだ。また、２０４０年には高齢世帯の4割が独り暮らしとなる。人口減少による日本の凋落《ちょうらく》は明らかなのである。

同盟国のアメリカもまた、中国の台頭とともに相対的な衰退から免れない状況に追い込まれている。台頭する新興大国の野心と、その地位を脅かされた既存の覇権国の不安がぶつかる時、アリソン教授のいう「巨大な構造的ストレス」が生じる。米中衝突への警戒感は高まるばかりだ。

なぜ中国軍は拡大するのか

古いスクラップ・ブックを整理していると、二度目のワシントン赴任時に書きためた「１９９５年分」の記事が目にとまった。5回連載の記事で、「なぜ中国軍は拡大するのか」とのタイトルがついている。その題材といい、そこに描かれているアメリカの戦略専門家らの見通しといい、20余年後のいまを的確に占ってゾッとする思いだ。

95年といえば、ソ連が崩壊して４年。中国当局が天安門事件の民主化運動指導者だった王丹《おうたん》を拘束するなど、国内体制を固めていたときだ。このときすでに、アメリカ上院の東アジア・太平洋問題小委員会は、経済成長が著《いちじる》しい中国の軍事力に焦点を当て、将来予測を果敢に試みていた。連続公聴会に招いた戦略専門家や国際政治学者12人の多くが、「中国が地球規模のメジャー・プレイヤーになるか否かではなく、いつ、どのようになるかだ」と、このときすでに最大級の警戒感を示していたのである。その予見を立証するように、翌96年には、中国軍が台湾初の総統選挙に圧力をかけるためにミサイル演習を強行し、不測の事態を恐れたアメリカが、台湾海峡に２つの空母打撃群を送り込んでにらみをきかせた。

いま、その記録を読み返してみると、専門家らの将来予測が、いかに正確に言い当てていたかがわかる。やや違ったのは、中国が彼らの予想を上回るスピードで世界のグローバル・パワーになりつつあることであろう。

まず、アメリカ政府側から公聴会に出席した当時のウィンストン・ロード国務次官補やジョセフ・ナイ国防次官補は、「メジャー・プレイヤー」として大国化する中国を、いかに国際社会のルールに誘導するかに腐心していた。中国の大国化が阻止できず、経済力に見合った軍拡が自明の路線であるなら、アメリカの利益にかなった方向に柔軟に引き込もうとする「関与戦略」である。その考え方がいかに甘かったかは、やがて、アメリカを凌駕するために中国が描いた「2049年戦略」が実証するだろう。

ロード次官補は扱いの難しい中国との関係は、「封じ込め戦略」でなく包括的な「関与戦略」が妥当であるとの結論を導きだす。中国との不一致はあっても、戦略的にぼやかしながら関係を保つことができると考えた。ここにアメリカ外交当局者の最初の間違いがあった。具体的な関与戦略としてナイ国防次官補が次の3つのケースを指摘した。まず、(1)共通の利害がある場合には、北朝鮮の核開発問題での説得工作などで連携する。(2)共通の利害とそうでないものが混ざっている場合には、不一致を最少にとどめ協議を通じて妥協をはかる。(3)共通の利害がない場合、衝突を最少にとどめるが制裁には躊躇《ちゅうちょ》しない。

アメリカ政府は、中国軍が短期的に脅威にはなりえないが、グローバル・パワーに成長するのは確実とみていた。軍事交流などを通じ、〝監視の窓〟を開けておくことの重要性を繰り返し指摘した。ロード国務次官補らがひそかに警戒している南シナ海では、中国の覇権主義的な傾向は、こののち劇的に進んでしまう。外交政策研究所アジア部長のロス・マンロは、「中国の究極的な目標はアジア太平洋地域での覇権を確立すること」であると、この時すでに指摘していた。

またアメリカ国防大学の国家戦略研究所のロナルド・モンタペロ上級研究員も、中国の戦略家が将来のアジアを見通した長期戦略にもとづいて経済力と軍事力を備えた「富国強兵策」を推進していると考えていた。

ドイツの拡張主義と類似の道

戦略国際研究センターのキース・アーリンバーグ研究員らがこの点を詳細に論じ、南シナ海の島々をめぐる各国間の争いが中国海軍の予算獲得に貢献したことを指摘した。中国はまず、１９７４年にパラセル諸島の領有をめぐってベトナムと争い、88年にはスプラトリー諸島に進出。ここでも対ベトナム勝利で海軍が発言力を得ていた。

スプラトリー諸島をめぐって領有権を争う６カ国の中で、すでに中国はもっとも重武装の国であった。だが中国本土から遠い分だけ、航続距離の長い戦闘機の購入や空中給油機などが必要になってきた。兵器の買い物リストの中には、スホイ27型機26機、大型輸送機、長距離爆撃機、攻撃用ヘリなどがあり、その後、中国軍が実際に入手したものばかりだ。

一方で中国は、89年に旧ソ連製の空母「ワリヤーグ」を、分離独立したウクライナから購入するための調査に動いた。そして実際に「ワリヤーグ」を購入し、現在は中国初の空母「遼寧」として訓練艦に活用している。

アーリンバーグ研究員は「中国は明らかに空母を主力とした外洋艦隊の創設を狙っており、

アジアには日本を含めこれに対抗できるだけの国がない。中国がスプラトリー諸島で武力行使に出る前に、外交決着を図るしかない」と語る。さらに外交政策研究所アジア部長のマンロの指摘は、東アジアに極めて微妙で難しい力学が働いていることを示していた。

「アジアでは従来、一国が軍事覇権を目指そうとすると、周辺諸国が対応して均衡が図られてきた。しかし、現在の中国の軍拡には日本、ロシア、インドもそれぞれ別の理由でなんの対応もできない」

当時、海軍大学のアーサー・ウォルドロン教授は、中国軍の３つの側面に注目している。まず第1に、近代化路線は周辺諸国を刺激して軍拡競争を招くし、それが不測の衝突を生む懸念が強い。第2に、中国の国内危機には常に軍が決定的な役割を果たしてきた。天安門事件の時には、軍の介入で一度は共産体制が救われており、ウォルドロン教授によると「１９１１年以来、中国の体制が代わるたびに軍が決定的な役割を果たしている」とみている。第3に、国内で解決不能な問題が生じると、中国軍は海外に目を向けようとする傾向がある。このナショナリズム路線が、改革や民主化の不満をそらす役割をも果たしているという。

ウォルドロン教授は、「今後おそらく10年間は、米中の全面的な衝突はないと思う」と指摘し、同時に「もしこの地域でアメリカが何もしなければ、アメリカの威信は著しく傷つくことになる」と、適切な見通しを述べた。もはや、その10年が過ぎて、危険水域にあることを予感させる。アジアにおける中国の軍拡は、１８６０～１９１４年のヨーロッパでメジャーパワーになったドイツと似ている。宰相ビスマルクが去って、強大な軍事力を引き継いだ後継者が、領土拡張政策をとって暗い戦争へと突っ込んで行く。ウォルドロン教授はアジアでその二の舞いを踏むことだけは避けるべきであると、強く警告していた。

外交政策研究所のアジア部長、ロス・マンロは東アジアでのアメリカの利益は、「中国が究極のゴールとしているような一国による（政治的、経済的な）制覇を阻止することである」という。この場合、カギを握るのは日本であり、マンロは「日本なくしては他のアジア諸国が新しい力の均衡に参入できない」と述べ、やや疑いながら日本の毅然たる外交スタンスを求めた。

いま、インド太平洋の現況は、彼らの指摘の通りに動いている。では、拡張主義に走る中国の強権力を阻止する手立てはあるのだろうか。そうした脅威の認識から、安倍政権は日米豪印４カ国対話を糾合し、これを核としたアジア海洋安全保障の新しい枠組みを構築しようとしている（詳しくは後章「インド太平洋の覇者を封じる」で述べる）。

新帝国主義時代がやってきた

それにしても中国はなぜ、これほどの軍事力を必要としているのだろうか。習近平主席の夢に従えば、アメリカと肩を並べる大国になり、やがては追い抜いて世界一の超大国に君臨するためである。そのためにはまず、アジア地域における軍事バランスを変えること。中国の海岸線の向こうには、韓国にはじまって日本、台湾、フィリピン、ベトナム、シンガポールというアメリカの同盟国やパートナー国が中国を囲むように連なっている。

そこには約6万人のアメリカ軍が配備され、グアムとハワイのアメリカ軍基地が太平洋を支配している。在日米軍基地の第7艦隊は、中国沿岸に平行して定期的な情報収集と監視活動を続けている。習政権はこのアメリカ軍をアジア地域から追い出すための挑戦に、着々と駒を進めている。中国軍の指導者たちは、海軍力こそが世界的な覇権獲得の道具であるとするアメリカの海軍戦略家に注目する。19世紀末、アメリカは米西戦争を境にカリブ海の支配権を握ると、太平洋の強国としても海軍の大拡張に乗り出した。その理論的指導者が『海上権力史論』を著《あらわ》したアルフレッド・セイヤー・マハン提督であり、アメリカ海軍発展の祖である。彼が唱えた海軍至上主義のシーパワー論は、「武力によって海洋ないしはその一部を支配する海上の軍事力のみならず、平和的な通商や海運を含む」として、航行の自由を確保するための強大な海軍力を提唱した（アルフレッド・マハン『マハン海上権力史論』原書房）。

その新帝国主義理論の実践者はセオドア・ルーズベルト大統領で、アジア市場という果実を刈り取るため、この強力な艦隊によって海洋支配に乗り出した。日本が日露戦争に勝利すると、ルーズベルトはにわかに日本に警戒感を抱き始める。この頃から日米関係は急展開し、やがては「日本敗戦」という歴史の結末をみる。

中国はそのマハン理論の実現を目指している。確かに、中国による南シナ海や東シナ海での振る舞いを見ていると、鉄血宰相ビスマルクが説くいわば「帝国主義の心得」に従って動いているかのようだ。

「国際法などというものは列国の権利を保全する法典といわれているが、大国は自分に都合のよいときだけこれを守り、自分に都合が悪くなるとすぐ兵を繰り出す」（岩波文庫『米欧回覧実記』）

19世紀のマハン戦略をもって、中国は21世紀の新しい帝国主義として浮上してきたようにみえる。拓殖大学の渡辺利夫大学事顧問は「中国は遅れてきた帝国主義国家」であるとして次のように語る。

「内に厖大《ぼうだい》な貧困層と広大な異民族地域を抱えながら、否、それゆえにこそ中国は国民的凝集力《ぎょうしゅうりょく》を求めて〝愛国主義〟の昂揚《こうよう》を図り、対外的膨張をもってその昂揚に応えんとしている。帝国主義とは、われわれの過去をみても今日の中国においても、そういう内的衝

動を抱え持つ時代局面なのである」(産経新聞「正論」２０１０年10月20日付)

天安門事件で失脚した趙紫陽《ちょうしよう》元総書記のブレーンだった呉国光《ごこくこう》(カナダ・ビクトリア大学教授)もまた、産経新聞のインタビューにこう語っている。

「なりふり構わず海外に出て行く今の姿は、19世紀の欧米列強と重なる。中国は１００年も遅れてきた帝国主義国家になろうとしている(中略)。鄧小平時代以降、中国の外交方針は国際社会との協調が主流で、国内の経済発展を優先し、外国とのトラブルをなるべく避けようとした。２００８年の北京五輪以降、それが変化し、自己主張する外交になりつつある。経済も軍事も強くなり、自信を持った側面もあるが、国内の社会矛盾から、国民の目を外に向けさせるため、領土問題などで外国との対立をあえてクローズアップしたい政権の思惑があるだろう」(産経新聞、２０１２年7月18日付)

パクス・シニカ論への大反論

過去、繰り返し浮上してくるアメリカ衰退論に対して、一貫して反論を展開してきたのは、ハーバード大学のジョセフ・ナイ教授である。「２０４９年戦略」に対して、アメリカが地政学、貿易経済、エネルギー、通貨のそれぞれの分野で「対中優位あり」とするナイの議論で、この章を閉じてみたいと思う。

アメリカ衰退論は1990年代のブッシュSr.大統領の時代に繰り返し議論されていた。彼の任期後半は、湾岸戦争の「外患《がいかん》」で始まり、経済の失速による「内憂《ないゆう》」で終わったといえる。この頃に、イェール大学のポール・ケネディ教授が米紙ウォールストリート・ジャーナルに寄せた論文で、「歴史上、戦争によって自信を回復した国で、衰退を避けえた例はない」と警告した。一超大国となったアメリカもまた、同じ苦しみを抱え込んでしまったかのようであった。ブッシュSr.大統領はこのとき、ケネディ教授の描いた衰退論をひそかに意識しつつも、冷戦後の新たなアメリカの使命に燃えていたのではあるまいか。かつて新世界秩序を唱えていたのはセオドア・ルーズベルト大統領であり、ウッドロー・ウィルソン大統領であった。レーガン政権の国連大使をつとめたジーン・カークパトリック氏は「ブッシュはウィルソンのような夢を見ている」と見抜いていた。ブッシュSr.大統領がパクス・アメリカーナの最終章に思い切り息を吹き込もうとしているように見えたのである(湯浅博『アメリカに未来はあるか』講談社)。

ちょうど、この頃、アメリカ衰退論に対抗して登場したのが、ハーバード大学のジョセフ・ナイ教授の「不滅の大国論」であった。いま再び、ナイ教授が中国のミズ・プロパガンダ、傅榮女史のいう米中逆転の「China up, US down」という流れに抗して、反撃を開始した。ナイはアメリカが持つ「4つのエース・カード」をもって、アメリカの「対中優位は変わらない」とパクス・シニカに反駁《はんばく》しているのだ（Financial Times, November 3, 2017）。

ナイ教授は、２０１７年秋の中国共産党大会で、習近平国家主席が新皇帝になったという人がいるが、それは本当だろうかと疑問を呈する。確かに習は、中国を「偉大で強力な大国」と呼び、「一帯一路」構想を世界にあまねく売り込んだ。かつてアメリカは世界最大の貿易国であり、債権国であった。ところが今日では、中国が最大の貿易相手国である国は１００カ国以上あり、アメリカのそれは57カ国にとどまる。さらに中国はインフラ投資に10年間で１兆ドルを融資する計画である。これらにより、アメリカは衰退し、中国が地政学上のゲームに勝利しているというのは本当だろうか、とナイは問題を提起する。

ナイ教授は、アメリカと中国がもつカードを見れば、４つの重要なエース・カードを持つアメリカに賭けた方が得だと主張する。その４つを詳細に検討してみよう。

第１のカードは、アメリカがもつ地政学的な優位性である。２つの大洋と親米国に隣接しており、ヨーロッパ大陸の争いやアジアの係争地域とは距離を保つことができた。逆に中国は、14の国と国境を接し、インド、日本、ベトナムとの領土紛争を抱える。そうした米中の地政学上の違いに加えて、アメリカは数多くの同盟国とパートナー国を持つのに対して、中国はパキスタンと北朝鮮しか同盟らしきものはなく、あとは弱小の独裁国家を経済援助によってひきつけている程度だ。

第2のカードは、シェール革命によってエネルギー輸出国になったことである。国際エネルギー機関は、向こう10年のうちにアメリカがエネルギー自給を達成するという見通しを明らかにしている。ところが中国は、輸入石油を中東に依存する度合いがますます高まっており、輸入しようと思えばアメリカ海軍がいまだプレゼンスを持つ南シナ海を通過しなければならない。この脆弱性《ぜいじゃくせい》を克服するには、アメリカ海軍との対立を回避するか、ロシアからの天然ガス供給を増やすか、もしくは化石燃料から再生エネルギーの道を拡大するしかない。

第3のカードは、貿易である。冷戦時代のロシアとは交易を考える必要はなかったが、現在の米中関係は相互に依存している。一説には、米中は核の均衡のように経済の「相互確証破壊」があるため、互いに争いを慎重にさせている。ただし、均衡が破られたときに、中国の依存度の方がアメリカより高いため、失うものも大きい。先に述べたランド研究所の試算によると、太平洋で通常兵器による米中戦争に至った場合、アメリカはGDPの5%を失うが、中国はGDPの25%を喪失するという結果を公表している。

第4のカードは、基軸通貨のドルである。世界各国が保有する外貨準備は、64%がドルで保有されており、人民元のそれは1・1%しかない。人民元は2016年にIMF（国際通貨基金）の特別引き出し権（SDR）を獲得して、第5の通貨として注目され、ドルに代わる基軸通貨の誕生が叫ばれた。実際には、人民元による国際決済は2015年の2・8%から、いまでは逆に1・9%に縮小してしまった。中国が信頼を獲得するためには、十分な規模の資本市場であることはもちろんであるが、公正な政府、法の支配が必要であり、それらの条件をすべて欠いている。

「不滅の大国論」再び

これらの論旨は、一貫して「不滅の大国論」を展開してきたナイ教授の面目躍如《めんもくやくじょ》たるものがある。ナイはジャーナリスティックなアメリカ衰退論を戒め、トランプ政権がアメリカのソフトパワーを一時的に失っても、これら4つのカードはその後も続くと考えている。この場合のソフトパワーとは、強制や金銭に頼らずに人びとを魅了する力のことで、文化や民主主義の価値、政策で決まってくる。

大きく見るとそれは、戦略家のエドワード・ルトワックがいう右肩上がりの「線的な予測」の誤りの指摘とも、裏表の関係で共鳴している。ナイはアメリカの衰退を否定し、ルトワックは中国の直線的な興隆を否定する。ルトワックはローマ帝国が誕生してこの方、人間社会の経済活動は、まったく同じ好調な経済成長が続くことはありえず、中国がアメリカ投資銀行の投資を呼び込むための策略的予測に飛びついた失策になるという。これが中国のナショナリスティックな「夢」と結びついて過剰な自信をあおってしまったとみる。

もし、ナイ教授が指摘する４つのエース・カードに加えるものがあるとすれば、人口学者のエマニュエル・トッドがいう、中国の巨大な少子高齢化の恐怖がＧＤＰの足を引っ張り、移民を引き付けるアメリカが、相対的優位に立つことである。さらに、ナイが言及していないアメリカの最大の強み、すなわち、自由主義、民主システム、法の支配、多様な文化などリベラルデモクラシーの理念とその同盟国を忘れてはならない。

ただし、「不滅の大国論」にも欠陥があって、アメリカのパワーといえども中国やヨーロッパが力を蓄えれば、やはり相対的な優位は低下することに留意すべきであろう。その台頭する中国を率いる習近平主席が、２０１７年10月の中国共産党大会で「新時代」を強調し、「他民族」を抑えて中国が世界の中心になると宣言した。

中国が露骨に世界秩序の改変に乗り出す以上、自由の擁護者であるアメリカは、外交、軍事、経済などその政策を誤りなきよう推進しなければならない。何年もの間、アメリカの戦略家たちが米中逆転の可能性を秘めた中国の脅威を警告していたが、ワシントンは一貫して反応が遅かったからである（National Interest, 2018）。

第2部〈歴史年表篇〉

「世界一の国家」へ100年計画

（４章で取りあげる年表上のことがら）

１８４０年　アヘン戦争勃発、１９４９年までの１００年は「屈辱の世紀」

１９４９年　毛沢東の中華人民共和国成立前演説「中国人民は立ち上がった」２０４９年までの１００年は世界一の強国になる「中国の夢」の世紀

２００５年　趙汀陽『天下体系──世界制度哲学導論』刊行

２０１０年　劉明福『中国の夢』刊行

２０１２年　習近平「中国の夢」「2つの１００年」目標に言及

２０１３年　習近平国家主席就任「2つの１００年」目標と「一帯一路」経済圏構想発表

ＡＩＩＢ（アジアインフラ投資銀行）設置発表

２０１５年　豪ダーウィン港、中国企業に貸与（99年）

「一帯一路」フォーラム、近代以降初、非欧州国がグローバル秩序の表舞台へ

２０１７年　スリランカからハンバントタ港貸与（99年）、ジブチに初の海外基地建設、モルディブと貿易協定

第4章　一帯一路にみる覇権獲得の不作法

「屈辱の世紀」の始まり

インド洋を臨むマレー半島の西岸にあるペナン島は、マラッカ海峡の北の出入り口にあたる。創業1885年という古いホテルの前庭で、イギリス人のリチャード・バンフォード支配人から、この島の歴史を聞いたことがあった。海峡を望む「イースタン＆オリエンタル」は、白亜《はくあ》のコロニアル様式の美しいホテルである。E＆Oと略称されるホテルに興味を抱いたのは、イギリス植民地時代に連なるシンガポールの「ラッフルズ」や香港の「ザ・ペニンシュラ」に先駆けて開業した、スエズ以東で最も古いホテルだったからだ。

海風が心地よく、出された飲み物はライムジュースである。ライムは17世紀に東南アジアに登場したポルトガル人やスペイン人が、赤痢やマラリアと闘いながら、酸が水の中の病原菌を薄めると信じて飲んだ。いまも、東南アジアの沿岸都市で飲まれるライムジュースはその名残《なごり》である。

19世紀のイギリスは、インド亜大陸という大きな植民地に食らいついたために、ポルトガル、スペイン、オランダに遅れて東南アジアに登場した。そのイギリスが「東インド」への最初の足掛かりとして選んだのが、ペナン島であった。バンフォード支配人がいたずらっぽく、「当時のキャノン砲は、砲口をどちらに向けていたと思いますか」と聞いてきた。

「一般的には海側であると思われがちですが、実は多くが半島側に向けているのです」

ヨーロッパ大陸と長く戦争してきたイギリスは、島国であることがいかに安全を保障してくれたかを身にしみて知っている。アジアの植民地選びでも、シンガポール、香港へ、多くは島や半島を押さえて、内陸部の王国同士の紛争からも距離を保った。インドで拠点としたボンベイもマドラスも、最初は小さな岬のような場所に要塞《ようさい》を築いている。

ペナン島に限らず、イギリスの植民地獲得は、狙いを付けた国の内紛に付け込んで介入し、最少の犠牲で最大の効果を呼び込む方式をとることが多いのだ。ここペナンをはじめマラッカ、シンガポールで海峡植民地をつくり、さらに南シナ海を北上して香港へと広げていった。錫《すず》や茶を輸入していたが、産業革命を経たイギリスで紅茶を飲む習慣が広がり、中国から大量の茶を購入したことから貿易不均衡が生じた（鶴見良行『マラッカ物語』時事通信社）。そこでイギリスは、すでにマラッカ、シンガポールの華人移民が常用していたアヘンをインドでつくらせて密輸した。ケシの実からつくるアヘンには鎮痛作用があり、中国ではパイプで喫煙する習慣があった。

これを禁じる清《しん》朝の皇帝は1839年、林則徐《りんそくじょ》を特命全権大臣に任命して交渉に当たらせ、大量のアヘンを没収して廃棄したうえでイギリス商人を追放した。これをきっかけにイギリスは1840年、最新鋭艦を派遣してアヘン戦争が勃発《ぼっぱつ》した。1842年、北京に近い天津沖に迫り、清を屈服させた。イギリスは南京条約を締結して賠償金を獲得し、香港を割譲《かつじょう》、上海、広州などを開港させた。19世紀には中国を中心とした華夷《かい》秩序は崩壊し、これに代わってイギリスが、インド洋からマラッカ海峡を抜け、南シナ海へとつなぐ「海の帝国」を築き上げたのである。イギリスは先のペナン、シンガポール、香港、アモイ、上海などの「点」を支配し、これら点を結ぶ「線」を軸として、その力をテコに中国大陸へ投射したのである（白石隆『海の帝国』中公新書、ⅲ頁）。

このアヘン戦争による清国の敗北が、当時、幕末期の日本を大きく揺さぶり、欧米列強に対する強い警鐘《けいしょう》となった。日本は明治維新で近代化の道をひた走ることになる。

他方の清国は、経済力も軍事力もなく列強の餌食《えじき》となっていく。従って、後継国家を自称する中国は、このアヘン戦争から1949年の中華人民共和国成立までを「屈辱の100年」と呼ぶことになる。

中華帝国のプロジェクト

19世紀のイギリスが清国を攻めたアヘン戦争から１８０年近くが経ち、今度はその中国が、過去の屈辱を晴らすかのように、21世紀の今になって「中華帝国のプロジェクト」を推進している。中華人民共和国建国からの１００年間で世界一の強国になる目標を立て、それを「中国の夢」と称する。リーマン・ショックを引き金に、金融危機が深刻化した２０１０年1月、中国国防大学教授の劉明福《りゅうめいふく》大佐が『中国の夢』を出版して、中国国内でベストセラーになった。劉は、中華人民共和国の建国から「１００年マラソン」を駆け抜け、世界一の強国になった中国が、国際秩序を活性化させる見通しを明示してみせた。

習近平主席も２０１２年に初めて「中国の夢」として言及したこのコンセプトが「中華民族の偉大な復興」と言い換えられ、本書でもたびたび言及した２０１７年10月の習主席の演説が示す「２０４９年戦略」や憲法改正に盛り込まれることになった。

かつてのヨーロッパ帝国主義が、アヘンという毒を使って東方に砲艦外交を展開したように、中国は逆に、南シナ海から西方へ「海のシルクロード」を延ばそうと動く。拡張主義の中国が使うのは、巨額債務という21世紀の〝毒〟である。

インドの南にある島国スリランカは２０１７年末に、戦略的な要衝《ようしょう》であるハンバントタ

中国が運営権を握った主な海外の港湾

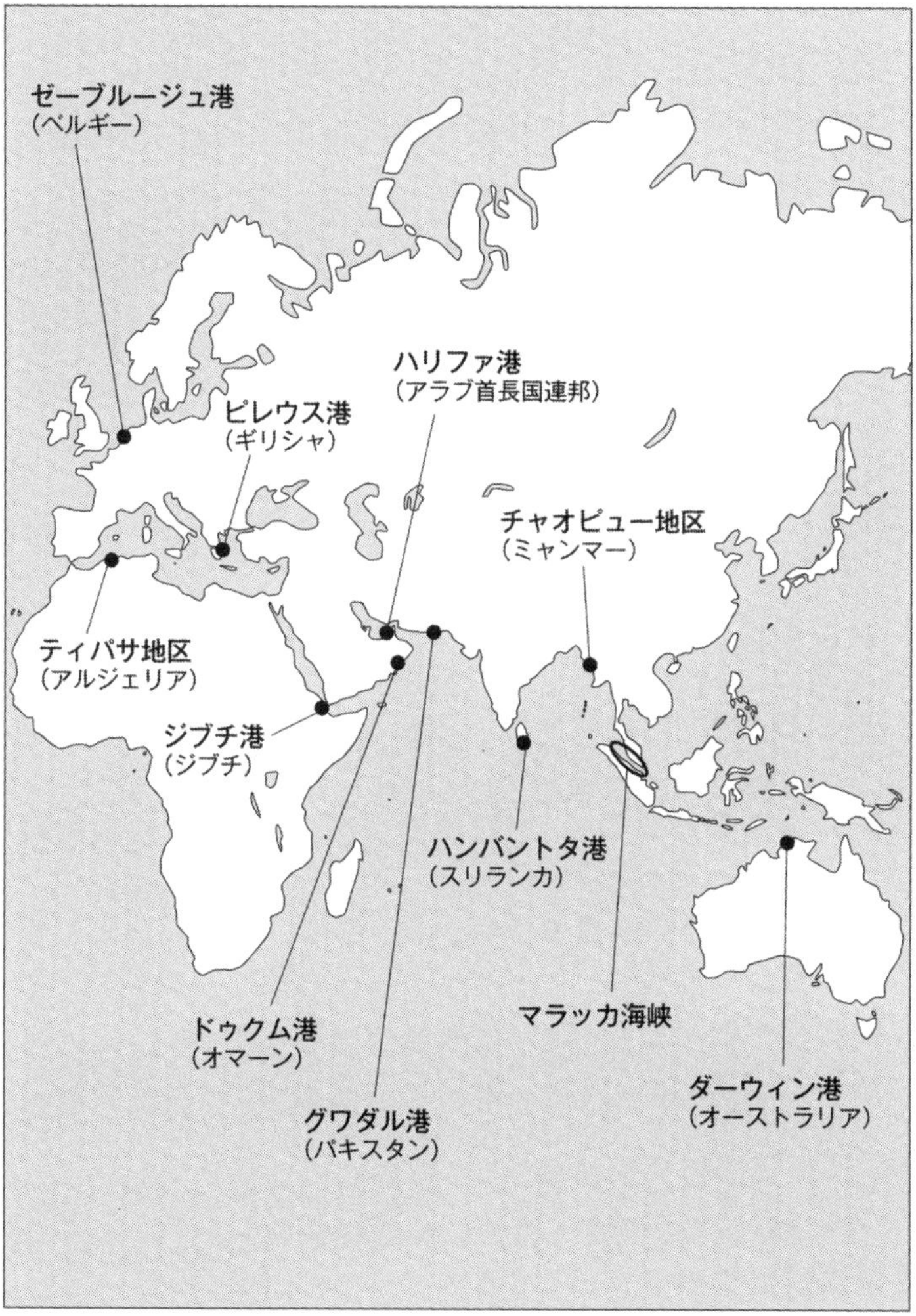

港を正式に中国に引き渡した。大英帝国が香港の新界地区を99年にわたって借り受けたのと同様に、中国がハンバントタ港の99年の賃貸借契約を結んだのだ。最終的に株式の70％を中国の国有企業に貸与させられ、リース料として11億2千万ドル（約１２４０億円）が支払われるが、事実上の召し上げになる。インド政策研究センターのブラマ・チェラニー教授によると、中国のローン貸し付けは、商業的な価値よりも戦略的な価値の高い土地に着目しているという。このハンバントタ港はその典型で、中東とアジアを結ぶインド洋の要衝に位置している。それをチェラニーは「債務のワナ」と呼ぶ。はじめに中国がインフラ建設の資金を最高６・３％の高利で貸し付け、対象国が返済できなくなると、戦略的な価値をもつ当該国の港を召し上げる。スリランカに対しては1世紀に及ぶ租借《そしゃく》になるから、ハンバントタ港は半永久的に中国の思うままになるだろう（Project Syndicate, December 20, 2017）。

その乱暴な契約に、屈辱を感じたスリランカの人々による反対デモが起きるのも無理はない。中国はこれを習近平主席が進める経済圏構想「一帯一路」の一つに組み込んでしまう。すると、あたかも共存共栄のイメージになるが、実態は借金のカタ（抵当）なのである。２０１７年5月に北京で開催された「一帯一路国際協力フォーラム」は、その体裁《ていさい》を整える巨大な外交ショーとなり、１３０カ国以上が代表を送り、29カ国の首脳が参加した。

もっとも、ドイツのガブリエル前外相にいわせると、その新シルクロード構想は「マルコ・ポーロへの感傷的な賛辞などではなく、世界を中国の利益になるように形作るための包括的なシステムを構築する企てである。単なる経済的問題ではない。中国は、我々の西側モデルに代わる自由、民主主義、人権に基づかないシステムを作ろうとしている」と、痛烈に批判している（第54回ミュンヘン安全保障会議の演説、2018年2月16〜18日）。

ガブリエル前外相が指摘するように、ヨーロッパの外縁でもジワジワと侵食が進む。資金繰りに悩む地中海のギリシャから、中国企業がピレウス港を買収していたのだ。値打ちのあるものには、いくらでも用立てるのが金貸しの定石だろう。ギリシャは債務危機から脱出するためにピレウス港を民営化し、その過半を中国の国営企業「中国遠洋海運集団」に売却している。冷戦時代のギリシャは、ソ連艦隊が黒海から地中海に抜ける出口にあたり、西側にとっては対ソ封じ込めの重要拠点であった。中国はその要衝ピレウス港を押さえ、「一帯一路」がヨーロッパに向かう〝竜頭《りゅうず》〟の役割を担《にな》わせる。

それだけではなく、EU（ヨーロッパ連合）が中国企業からの買収に歯止めをかけるため、外国投資の審査権限を加盟国の共通の基準を設けようとの動きに、ギリシャが中国の意向を受けて阻止に動くことになるなどの問題が表面化している。それは、ASEAN（東南アジア諸国連合）内で、南シナ海を占拠しようとする中国に対する非難声明を、カンボジアが阻止に動くケースと似ている。カンボジアは中国からの潤沢な経済支援が国家の支えになっているところから、フン・セン首相はこれまでも、ＡＳＥＡＮの対中非難の声明など、中国のマイナスになることにはすべて反対してきた。

このほか、２０１５年には中国企業がオーストラリア北部の拠点、ダーウィン港を３億８８００万ドルで、やはり99年リースで手に入れている。近くにはオーストラリア軍の基地があり、アメリカ海兵隊がローテーション配備していることに留意したい。

同じくアメリカ軍基地や日本の自衛隊駐屯地のあるアフリカのジブチにも、中国は数十億ドルを貸し付けた後に、２０１７年、初めての海外基地をつくった。ジブチはやはり、中東のアデン湾から紅海への出入り口にあたる要衝である。債務危機に陥っていたジブチは、年間２千万ドルで、中国に用地を貸すしかなかった。

さらに、アルゼンチン、ラオス、ケニアなどいくつかの国々が、中国による「債務のワナ」にはまって、苦しい選択を余儀なくされた。これらの動きは、「中華帝国のプロジェクト」と呼ばれるにふさわしい。債務に縛られた国々は、やがて経済活力を失い、民族の誇りを奪われ、自然遺産が破壊されていく。それは中国自身が19世紀になめた苦汁《くじゅう》ではなかったのか。ハンバントタ港の悪夢は、香港式植民地協定が現代によみがえったかのようだ。

中国の習近平政権による「一帯一路」の正体が、ようやく見えてきた。拡張主義にとって、途上国によくある権力の腐敗、宗教の対立、経済格差の混乱は格好のターゲットになる。その地が戦略的要衝であれば、間違いなく手を突っ込んでくる。その巧妙な実例をもう一つ見ておこう。

「一帯一路」の正体をみた

インド洋に浮かぶ小国モルディブもまた、その受難をまともに被《こうむ》った。

1千以上のサンゴ礁をもつモルディブは、ゆっくりと時間が流れる世界的に有名なリゾート地であった。おおむねインドの影響下にあり、1988年のクーデターの際は、インドが軍を送って傭兵《ようへい》部隊を鎮圧したことがある。2008年に選ばれたナシード大統領が辞任する2012年まで、この島嶼《とうしょ》国家は緩やかに民主的に統治されてきたが、2013年の大統領選でヤミーンが実権を握ると、ナシードら野党有力者を相次いで逮捕し強権をふるうようになった。

モルディブはインド大陸の南端に広がる無数のサンゴ礁と環礁からなる小さな島嶼国家である。南シナ海から中東方面に向かう船舶は、必ずここを通過しなければならない要衝にあり、この地政学的環境だけでも、中国が食指を動かすのに十分な理由がある。

しかも、中国は近年、インドの勢力圏にある他の南アジア諸国と同様、その影響力をそぐためにパキスタン、ネパール、スリランカを切り崩し、2017年12月にはモルディブと貿易協定を結んだ。その小国の政治が瓦解《がかい》していれば、帝国主義流に「乱してこれを取る」という鉄則の半分は満たされている。あとは何で釣るかである。

中国は以前から様々なインフラ契約を結び、習政権になってからは「一帯一路」の一環として、モルディブに高利の借款《しゃっかん》を供与して、港湾などの公共工事でがんじがらめにした。国際通貨基金によると、この結果、モルディブの対外債務は２０２１年にはＧＤＰ（国内総生産）の51・２％に達して借金漬けになってしまう。釈放後、亡命中のナシード元大統領が米紙ウォールストリート・ジャーナルに答えて、中国がすでに16の島々を収奪し、現在進行中の３つのプロジェクト向けの借款で、国家債務の８割近くを占めているという。このままでは、隣国スリランカ以上に深刻な事態を迎え、モルディブそのものが中国に乗っ取られるとの警戒感を示していた（Wall Street Journal, February 20, 2018）。

アメリカのティラーソン元国務長官はこの「債務のワナ」について、中国が国家主導で投資する体裁をとりながら、中国人労働者を送り込み、返済できない規模の資金を貸し付けていると指摘した。そのうえで元長官は、「チャイナ・モデルは中国経済を養うために貴重な資源を搾取し、しばしばその土地の法律や人権を無視する」と非難し、「経済力を駆使して自らの勢力圏に引き込もうとする」と、ことの本質を雄弁に突いた（米テキサス州立大学での講演、２０１８年2月1日）。ティラーソンは２０１７年にも、中国のインフラ投資を「略奪経済」と批判しており、アメリカ主導の国際秩序に挑戦する習政権に警戒感を強める。先のウォールストリート・ジャーナルは「習近平氏の一帯一路構想は、中国の影響力拡大を最優先にしており、モルディブはその巻き添え被害の一例である」と、その正体を見極めている。

南アジア地域の貧しい小国にとって、中国の融資は干天《かんてん》に慈雨《じう》として魅力的に映る。彼らに対する中国の影響力は拡大し、近くの大国インドは守勢に立たされている。警戒すべきは、中国の重商主義の権益拡大が、貿易面にとどまらず軍事面でも拡大していることである。独立色の強いインドが、日米豪との連携を強めるのも故《ゆえ》なしとしないのである。

国防総省はさらに深刻にとらえている。マティス国防長官は2018年5月30日のアメリカ太平洋軍司令官の交代式で訓示し、なぜ太平洋軍をインド太平洋軍に改称したかについて、中国の「略奪的な経済」や「威圧の脅威」に縛られないためであることを強調した。さらに、アメリカが同盟国やパートナー国の側に立って国の大小にかかわらず、国家主権の決定を支持すると述べた。長官はさらに中国の「一帯一路」を否定して、地域が一国による支配にとらわれない「多帯多路」であると強調した。こうした考え方は、5月2日のターンブル豪首相とマクロン仏大統領との会談でも、彼らが「大魚が小魚や小エビを食べてしまってはいけない」と述べた比喩《ひゆ》に通じる。インド太平洋戦略を掲げる安倍晋三政権は、日米豪印の安全保障枠組みの中で積極的に連携をとるべきであろう。中国が強硬路線をとればとるほど、これに対抗しようとする同盟が大きくなるという逆説が起きるのだ。

アメリカの裏庭に食指、東にも向かう現代版シルクロード

中国の「一帯一路」は、誰しも現代版のシルクロードとして西へ向かうものと考える。ところが、中国はアメリカの「裏庭」にあたる中南米にも食指を動かして、ここに「一帯一路」をかぶせている。そこには経済的理由のほかに、アメリカの関心を自国の足元にひきつけ、アジアで自由に行動させない深慮遠謀《しんりょえんぼう》が垣間《かいま》見《み》える。

19世紀帝国主義の時代の米国は、確かに大英帝国とスペイン帝国の植民地に囲まれ、不安定な状況に対処するため西方へと勢力を拡大した。20世紀になると、今度はヒトラーが「東に向かって米国の征服を再現する」としてソ連を侵攻した。そしていま、拡張主義の中国は西方だけでなく、東方にもその翼を広げているかのようだ。

中国の王毅外相は２０１８年1月、南米チリの首都サンティアゴで、閣僚級による中国・中南米カリブ海諸国共同体フォーラムに出席し、太平洋を越えた協力の道を強調する、「一帯一路に関する特別声明」を出した。王毅は続くウルグアイでもバスケス大統領と会談し、「一帯一路」に参加することで「ウルグアイが発展への強い動力を得られる」などと、

積極的に動いている。中国が中南米へ傾斜しているのは、同地域に台湾と外交関係を結ぶ国が多く、これを遮断して中国との国交樹立を確立するためもあった。最近の例では、中米のエルサルバドルが中国と国交を樹立し、台湾が即日断交して経済援助を全面停止している。民主進歩党の蔡英文政権が２０１６年に発足して以来、同地域で台湾と外交関係を解消したのは中米のパナマ、カリブ海のドミニカ共和国に次いで三件目だ。

中国はこの地域への政治的影響力を高めるため、メディア、文化、学会、政治の4分野で人的交流を活発化させ、友好人士「中国のチアリーダー」を獲得する狙いだ。中南米の学生に中国留学の奨学金を提供し、地元大学に孔子学院をつくり、政党関係者を中国に招待している。豪華ホテルと贅沢《ぜいたく》なもてなしの接待攻勢で、親中のチャイナハンドを養成する。これにより、戦略的に重要な国を「一帯一路」に組み込むことがスムーズに運ぶようになる。中国はこの地域でも、高利の債務を通してインフラ整備を推進していくだろう。

これにアメリカがただならぬ関心をよせていることは明らかだ。ティラーソン前国務長官が18年2月初旬に中南米5カ国を歴訪したのも、裏庭を固めるためであろう。歴訪に先立つテキサス大学での講演で、非民主的な中国モデルは、中南米の「貴重な資源を、しばしば法と人権を無視して、自らの経済を繁栄させるために搾取する」と容赦なく語った。

シカゴ大学のジョン・ミアシャイマー教授によれば、地域覇権国はライバルの登場を嫌うし、「地域覇権国は互いに相手の裏庭でトラブルを起こそうとする」と指摘する。もしも、アメリカが裏庭で危険な敵に直面することになると、アメリカ軍が自由に世界に展開できなくなるからだ（ジョン・ミアシャイマー『大国政治の悲劇』五月書房、４４７頁）。

アメリカは戦略的な競争相手国による裏庭への進出には、過剰なほど神経を研《と》ぎ澄ます。冷戦期のソ連は、キューバと密接な同盟関係を結んでアメリカの裏庭に介入して神経を逆なでし、一触即発の危機を迎えている。ミアシャイマーは中国がブラジルと密接な関係を構築して、西半球に軍を駐留させるチャンスを獲得するかもしれないと指摘している。

中国からみると、アメリカはすでに中国の裏庭に巨大な軍事プレゼンスを維持していると考え、戦略上の対抗措置をとっているつもりかもしれない。西太平洋で地域覇権を目指す中国には、日本にある在日米軍と韓国にある在韓米軍がそれにあたる。米中の戦略的な競争は、すでにグローバルに展開している。だが、「一帯一路」の正体が徐々に明らかになり、プロジェクトを返上する国々が出てきた。マレーシアで政権に返り咲いたマハティール首相は、マレー半島を横断する中国と共同の東海岸鉄道を中止することにした。ミャンマーもベンガル湾の中国支援による港湾建設を大幅に縮小。トンガは中国に債務を帳消しするよう求めている。同盟国に近いパキスタンですら、対中債務が膨らんで「債務のワナ」に陥ることを懸念する声が出てきた。

影響力の代理人「シャープパワー」

目に余る中国の対外的な操作や圧力のえげつなさを、欧米社会もようやく身にしみて感じるようになった。英誌エコノミストは中国が他国の土地を征服こそしないまでも、「外国人の心を征服しようとしている」と特集を組んで批判していた（The Economist, December 16/22, 2017）。過去1年間にわたってオーストラリア政界を揺さぶったスキャンダルは、その典型的な事例であった。野党労働党のサム・ダスチャリ議員は、中国の南シナ海の活動を擁護し、見返りに中国共産党と関係のある実業家、黄湘蒙から資金を受け取っていたことが暴露され、２０１７年12月12日に辞任に追い込まれた。

マルコム・ターンブル首相は、オーストラリアの情報当局が国内政界や大学研究者への外国による干渉が「前例のない規模」で行われていると警告していることを公表した。すでに明らかになったのは、オーストラリアの二大政党が、黄の運営する中国企業2社から、10年間で６７００万豪ドルを寄付として受け取っていたことだ。こうした深刻な事態に、政府は２０１７年12月5日に外国からの政治献金を受け取ることを禁止し、ロビイストが外国のために働いているかを明らかにするよう求める法制化を発表した。同じような警告は、イギリス、カナダ、ニュージーランドでも発せられた。とくにカナダの情報機関は、２０１０年にいくつかの州の閣僚や職員が「影響力の代理人」であると警告した。

また、ドイツ情報当局は２０１７年12月10日、中国がドイツの政治家や官僚を取り込もうとしていると非難した。一説には、中国がソーシャルメディアを使って、1万人のドイツ市民にコンタクトしていたという。連邦議会は中国の影響力の拡大に関する公聴会を実施した。そうした実態が明るみに出たため、元来が中国市場に参入するために中国との接近を深めていたドイツの態度が、ガブリエル前外相発言のように硬化してきたのだろう。

同じようなスパイ活動は、日本でも行われており、公安当局がそうした「影響力の代理人」を捜査している。とくに、中国専門家の中に潜り込んだ協力者やシンパについては、オフレコのため詳しくは書けないものの、徹底的に周りを固めている実態を垣間見た。

対外戦略の手段は一般的に、強力な軍事力で強制力を生み出す「ハードパワー」と、その国の文化力や価値観の魅力が他国を惹《ひ》きつける「ソフトパワー」がおなじみである。ところが、中国が世界にばらまく助成金、いじめ、工作、圧力が絡み合う影響力を、シンクタンクの全米民主主義基金はカミソリのように鋭い「シャープパワー」と表現した。西側の民主社会を標的に、鋭利に切り込んで政治を分断し、世論操作を狙う。ニュージーランドのカンタベリー大学のアン・ブレディ教授は、操作と圧力によって「政治的影響力を誘導し、買収し、強制するグローバルな力」であると定義している。

中国の世論操作は、毛沢東時代から知られており、「中国通」と言われた外国人記者に特別な情報を流し、時にはカネをつかませて自国に都合よく利用した。それは今日にあっても変わりなく、有名なコメンテーターや雄弁家、記者を探し出し、彼らの影響力に期待して働きかける（アーロン・フリードバーグ『支配への競争』日本評論社、249頁）。

これまでも中国は、厳しい論評をする研究者や新聞社の特派員に、査証の発給を申請から1年以上も棚晒《たなざら》しにしたり、政府要人や資料へのアクセスを妨害したりするのは日常茶《さ》飯事《はんじ》だった。これらの妨害によって、中国研究者は萎縮し、批判的な論評を控える悪弊《あくへい》を生む。残念ながら、中国の全体主義、権威主義の軍門に降《くだ》る日本人研究者やジャーナリストが少なからず存在しているのである。

ノーベル平和賞を中国の民主活動家に授与したノルウェーに対して、中国はサケの輸入を制限して経済制裁を科したのもこれに入るだろう。英誌エコノミストは「中国が将来的には融和的になると期待して、これらの操作を無視することは、次の小刻みなパンチを浴びるだけだ」と、一致してシャープパワーを断固はじき返すよう主張する（The Economist, December 14, 2017）。

2018年1月にターンブル豪首相が日本を訪問したのも、そうした背景があってのことだった。最大の貿易相手国である中国に気兼ねするオーストラリアが、日米豪印4カ国の「安全保障ダイヤモンド」に意義を見出したことを歓迎したい。中国の目に余る対外的な圧力のえげつなさが身にしみたからである。

ターンブル首相自身はよく知られた親中派で、首相就任後に次期潜水艦の機種選定で日本提案の「そうりゅう型」の採用を退けたことがあった。オーストラリアの軍需産業で働く雇用状況との関係もあるが、中国の意向を無視できなかったことは明らかだった。

日本の働き掛けもあって、日米豪印の４カ国当局者は、２０１７年11月にマニラで久々の会合を開いて「自由で開かれたインド太平洋戦略」を推進することで一致した。４カ国会合のスタートは２００７年にさかのぼり、このときも安倍首相の呼びかけでスタートしている。しかし、オーストラリアで政権をとった労働党のケビン・ラッド首相が中国の反発を招くとして離脱し、それ以来、棚上げされたままだった。ちなみにターンブル首相は、第２次安倍政権が発足して４人目の豪首相で、同国の政局が安定しない弱みを抱えている。

オーストラリア首相の訪日は国内事情のほかに、中国が対豪貿易で圧力をかけてくる可能性があることから、対日接近でリスクに備える意味があるだろう。安倍首相とは北朝鮮の核・ミサイル開発への圧力を高めるとの認識を共有し、航空自衛隊とオーストラリア空軍の初めての合同演習を年内実施で合意するなど、準同盟関係の強化に踏み込んだ。

安倍首相がターンブル首相の、陸上自衛隊の対テロ作戦を担う「特殊作戦群」への訓練視察を受け入れ、日本政府のNSC（国家安全保障会議）に招いたのも、日豪関係、あるいは日米豪印4カ国の深まりを内外に印象付けたい思惑があった。同じ日にニューデリーで開催の4カ国海軍トップの会議も動き出しており、対中国の多国間安全保障が着実に進み始めた。また、オーストラリアは日本とともに、米国抜きのTPP（環太平洋経済連携協定）の参加11カ国を合意に近づけ、新たにCPTPP（TPP11）として発足させることに尽力した。これはインド太平洋戦略とともに、日豪が中国にアジアの覇権を譲り渡すことはないとの明確な意思表示になった。日豪はトランプ政権をアジアに引き留めるための有力な核になるだろう。もっとも、そのターンブルも8月末に政争から退陣してしまった。

「対話」と「威嚇」を織り交ぜる

中国による陽動作戦の方は、孫子の兵法「虚実篇」にあり、相手の目をくらましての戦いを旨とするいつもの手である。日本が中国からの誘いに乗って、日中の関係改善に動き出すと、そのスキを突いて自国の主張を強硬な行動で示してくる。

中国海軍の水上艦と潜ったままの潜水艦が、沖縄県の尖閣諸島の接続水域を同時に航行したことがあった。多くの新聞は、日中関係の好転に水を差す行動であるといぶかっていた。しかし、過去の中国の行動パターンからすると、それはある程度予想された出来事ではなかったか。１つは中国がよくやる陽動作戦のようなパターンであり、もう1つは、アメリカのシンクタンク「ランド研究所」がタイミングよくある種の警告をしていたからである。

過去にも２０１４年以降、安倍晋三首相が習近平国家主席と首脳会談を重ね、日中関係が好転した時期にそれがあった。中国の公船が、遠くの南シナ海で活動していると思っていたスキに、東シナ海の尖閣周辺になんと機関砲を搭載した艦船を日本の領海に侵入させた。しかも、この時の侵入公船は、中国海軍のフリゲート艦を偽装していた疑いがあった。

今回のケースもまた、安倍政権が習政権の推進する「一帯一路」への協力姿勢を示したばかりだから、やり方が姑息《こそく》でえげつない。こちらが誠実に対応すれば、「話が通じるはず」などという日本人の思い込みは、中国相手には通用しないという当たり前のことが分かる。当時、ハドソン研究所のアーサー・ハーマン上席研究員ら２人が、米紙ウォールストリート・ジャーナルへの論稿で、「中国は世界の目を一つの地域に向けさせながら、他の地域で策略を進めるのを得意とする」と的確に警告していた。２人は「中国は対話と威《い》嚇《かく》を織り交ぜる」として、２０１４年と15年にも習主席がインド高官と会談している最中に、中国軍がインド国境の紛争地域に部隊を送った事実をあげて注意を喚起した。

このとき、くしくもランド研究所の有力研究員がかかわって、尖閣諸島を舞台としたシミュレーションで「中国が5日間で勝利する」との分析結果をアメリカ外交誌フォーリン・ポリシーに発表していた。前提に疑問があり、どう考えても、日米の艦船が簡単に退けられるとは思えない。それでも、最悪のパターンを提示している以上、その結果は無視できない。日本は安保法制に穴はないのか否かなどの点検を緩めず、日米同盟の紐帯《ちゅうたい》の確認を怠《おこた》るべきではないのはもちろんだ。

もう１つのランド研究所による２０１７年12月の警告の方については、正直、うなってしまった。アメリカ国防総省と近い関係にあるランド研究所が、「危険な世界に対するアメリカの軍事能力」を報告書にまとめて、目の前の尖閣をめぐる日中の衝突の可能性を警告していた。この報告書は、「潜在的な敵」として中国、ロシア、北朝鮮、イラン、イスラム原理主義テロ組織の５つを挙げている。とくに、中国との戦闘の実現性を想定していた。中国との紛争の中では、台湾攻撃をもっとも警戒しており、地域的な紛争としては沖縄県の尖閣諸島をめぐる日中の軍事衝突の可能性を述べた。

日本はこれまでの北海道防衛から南西にシフトして、尖閣周辺や沖縄方面の防衛能力を高めてきた。尖閣を発火点とした日中軍事衝突は短期限定型と判断しているところは、例のシミュレーションと共通している。ただし、日本の自衛隊が尖閣周辺で中国軍に損害を与えた場合には、中国軍による沖縄本島や本土攻撃を想定し、アメリカ軍が日本に対する航空兵力やミサイル防衛を支援する任務を負うことになると指摘している。

忍び寄るチャイナ・マネー

中国による覇権獲得の不作法は、深く静かに潜行してアメリカのシンクタンクにも及んでいる。中国国営通信、新華社の英文サイトが２０１７年８月29日付で「ランド研究所が中国政策研究のため３００万ドルを受領」との記事を掲載したことがあった。ランドといえば、国防総省との人事交流もあり、委託研究も行われている保守系の有力研究所である。資金を提供したのは、カリフォルニアに本拠地を構える中国系財団で、実態は中国人民解放軍系であるといわれている。資金提供を受けてしまえば、中国に不利にならない報告書が発行されるのは自然の流れだ。そうした背景を、アメリカに亡命した中国人研究者は「アメリカの大手研究所で中国から献金を受けていないのは〝プロジェクト２０４９研究所〟だけではないか」と語っていた。２０４９研究所の代表だったランディ・シュライバーは、トランプ政権の国防次官補として政権入りしている。いわば対中強硬派である。

ランド研究所の報告書について、どの程度、中国の影響力が及んでいるか注意すると同時に、日本は独自防衛の強化策をとる必要がある。すでに、２０１８年1月半ばに中国潜水艦が水上艦を従えて尖閣諸島の接続水域を航行しており、中国との軍事衝突がいつ起きてもおかしくない情勢にあることを肝に銘じるべきであろう。

シャープパワーとソフトパワーの境目あたりで、中国は西側主要国の大学にプロパガンダ機関として「孔子学院」を設立している。見かけはカルチャースクールでも、中身は中国共産党の工作活動の拠点になっているとの指摘はかねてからあった。中国が出資して、受講者には無料で中国語教育のサービスを提供している。最初の孔子学院は２００４年に韓国で開設され、すぐに日本、オーストラリア、カナダ、ヨーロッパに拡大した。

もちろん、中国からみて最大の地政学的なライバルであるアメリカが、もっとも重視されている。すでに、世界１４６カ国や地域の５２５を超える大学キャンパスで孔子学院が設立され、その40％がアメリカ国内である。大学が中核的なターゲットだが、数百にのぼる小学校でも、孔子教室が運営されている。

孔子学院は北京で承認された中国の文化と歴史を教え、かつ人権問題を無視し、台湾とチベットが中国に属していると教える。共産党幹部は孔子学院の成果を「中国の海外プロパガンダを推進する重要な部分だ」と述べたという。２０１０年の共産党機関紙、人民日報でも大臣級が「主権と安全に影響を及ぼす重要問題については、チベット、新疆《しんきょう》、台湾、人権、法輪功《ほうりんこう》などに積極的な国際宣伝を闘い、海外の文化センターや孔子学院を設立して、うまく運営しなければならない」と性格づけていた（Politico Magazine, January 17, 2018）。授業を通じて中国の意思を押しつけるような内容であるため、２０１４年6月に、アメリカ大学教授協会が１００にのぼる大学に対して、「孔子学院は中国政府の出先として機能しており、学問の自由を無視することが認められている」と、孔子学院との協力を停止するよう勧告した。孔子学院は、他の文化交流機関のブリティッシュ・カウンシルやドイツのゲーテ・インスティトゥートなどと異なり、大学内に設置されて大学の自治を侵す恐れがある。まもなくシカゴ大学とペンシルベニア大学がこの学院の閉鎖を受け入れたが、いまだ多くの大学で開設が続いている（Washington Post, June 14, 2014）。

日本の大学にも、孔子学院が設立されているが、学問の自由の建前からアメリカのように閉鎖を求めるような動きはまったくみられない。日本には孔子学院が14か所、孔子教室が８か所あり、国内第1号は２００５年10月に立命館大学に設置された。それから現在まで、中国が軍拡を続け、反日暴動があり、尖閣諸島周辺では領海侵犯する中国船との緊張が絶えない深刻な情勢だ（産経新聞２０１８年3月23日付）。それでも中国の資金に頼る大学は、何の抵抗もなく、何の疑いもなく、学問の真理を追究するはずの学内で、孔子学院の存続を認める。アメリカではマルコ・ルビオ上院議員ら３人の議員が２０１８年３月、外国影響力透明化法案を提出し、大学が外国から5万ドル以上の寄付を受けた場合は、その開示を義務付けるよう求めた。同時にルビオ議員は出身州のフロリダ州の大学に「大学の自治を侵すリスクがある」として、孔子学院との協定を終わらせるよう要請した。

日本では外国からの政治介入などに対する危機意識が希薄で、国会がそのチェック機能をはたしていない。

「ビッグ・ブラザー習」の党細胞

そのニュースを新聞で知ったとき、すぐ頭に浮かんだのはイギリスの作家、ジョージ・オーウェルが描く小説『１９８４年』の世界だった。記事は、２０１７年11月の中国で現実に起きた一件を伝えていた。小説と同じ一党独裁の全体主義国家であり、最高権力者は小説の独裁者「ビッグ・ブラザー」のような習近平主席である。

習は第19回中国共産党大会で権力基盤を固め、「新時代入り」を宣言していた。その党大会で行った政治報告で、外資系の民間企業にも、共産党組織を社内に設置させ、党の意向を経営に反映させるように求めたというのだ。中国のビッグ・ブラザーは、外資系企業内の〝党細胞〟をもって、「大衆動員の強固なトリデ」を築くと述べた。中国の会社法19条では、内・外資を問わずに企業は党組織の活動に必要な条件を提供することになっている。

まるで『１９８４年』の中に出てくる標語「ビッグ・ブラザーがあなたを見守っている」という警告のようだ。小説『１９８４年』の舞台となる全体主義国「オセアニア」は、核戦争後の混乱に乗じた革命で誕生した少数独裁制の国家である。イデオロギー「イングソック」に基づき、国民は社会主義の名のもとに自由を奪われ、格差・不平等を当然のものとする世界だ。国民はすべて党の監視下に置かれ、町中に仕掛けられた集音マイクによって、反政府的な言動を一切封じられる（ジョージ・オーウェル『1984年』ハヤカワ文庫）。

このオセアニア国のような仕打ちに対し、在中国ドイツ商工会議所が、ただちに「中国市場からの撤退や戦略転換を図る企業が出る恐れがある」と反応した。

ドイツはこれまで、自動車や生産機械の輸出先として中国巨大市場の恩恵を受けてきたヨーロッパ一の親中派だ。そのドイツでさえ、近年は中国企業によるドイツ企業の買収が相次ぎ、先端技術の流出が懸念されてきた。まして、在中国の会社内に共産党細胞がはびこれば、経営そのものが脅《おびや》かされ、技術が即時流出してしまう。いまどき党細胞など、外資の経営判断に対する露骨な介入である。ドイツ商工会議所の声明は、「第三者からの干渉を受けない経営が、イノベーションや成長の強固な基礎だ」と中国当局に反論した。商工会議所が「撤退」まで示しながらの抗議は、自由市場の世界では考えられないことだ。

ドイツ系の企業は中国市場に約5千社が進出しており、約110万人の雇用を創出している。新車販売ではドイツブランドが日本車を抑え、中国市場のトップシェアを誇る。心配なのは日本企業の鈍い反応だ。彼らに警戒感はあるものの、日中経済協会、経団連、日本商工会議所による11月の合同訪中団では、目立った反論がでなかった。外資としては、会社の機密情報が漏れないよう情報を党細胞から遮断するしかない。エコノミストは企業に党が関与すれば、経済より政治の論理で動くようになり、企業は弱体化するという。

ビッグ・ブラザー習が党大会で示した野望の中には、中国を世界の中心とする中華文明の伝統的な考え方がある。彼らはこの数世紀の西洋の台頭は、中国が一時的な遅れをとっていただけにすぎず、もはやその時代は終わりを告げたと考えている。したがって、中国国内で活動する外資といえども、華夷秩序の中に包含しようとする。

習が党大会の演説で、中華民族はますます「世界の諸民族の中に聳《そび》え立つ」と述べたのは地域覇権の枠をはみ出し、世界に君臨するとの宣言である。あくまでも中国を中心とした序列的な外交関係であり、中国の優位に近隣国が敬意を払うよう要求する。

独裁色を強めるカンボジアには、中国が経済的なバックアップを施《ほどこ》して、欧米からの批判を跳ね返させている。イスラム教ロヒンギャの難民問題で批判を浴びるミャンマーにも、アウンサン・スーチー国家最高顧問を擁護して経済支援を注ぎ込む。南シナ海問題で反発するベトナムに対しても、「同志であり兄弟」と、同じ社会主義国であることを強調し、アメリカの影響力の排除に躍起となっている。

中国とそのビッグ・ブラザー習は「覇権」と「優位」をテコに近隣国を跪《ひざまず》かせ、華夷秩序の中で〝朝貢国〟にしようとする、まことに厄介な大国なのだ。

（５章で取りあげる年表上のことがら）

１９６４年　中国、東京オリンピック開催中に核実験成功
１９７４年　ベトナムとパラセル諸島の戦い（前年米軍ベトナム撤退）
１９８８年　ベトナムとスプラトリー諸島会戦、中国の勝利・奪取
１９９２年　中国領海法制定、領有権を成文化
１９９４年　ミスチーフ礁占拠、フィリピン追い出し（前々年米軍基地撤退）
２００８年　中国海軍幹部が米太平洋軍司令官に「太平洋分割管理」提案
　　　　　　ヒラリー米国務長官に中国高官「ハワイも併合できる」と発言
２０１０年　中国漁船が尖閣諸島沖で海保巡視船に体当たり事件
　　　　　　オバマ政権が核弾頭つきトマホーク巡航ミサイルを太平洋から撤去
２０１２年　空母「遼寧」就役
２０１３年　中国外務省報道官は尖閣を「核心的利益」と発言
　　　　　　スプラトリー諸島での埋め立て、基地建設開始
　　　　　　スカボロー礁占拠、軍事施設建設開始
２０１７年　国産空母「山東」進水

第５章　海洋国家になれなかった日本

半国家的な対米依存の終わり

いまから半世紀も前に、日本が「島国」意識から脱皮して「海洋国家」に衣替《ころもが》えするよう求めた少壮の国際政治学者がいた。ちょうど、中国が初の核実験をするのではないかとの予兆があった頃である。京都大学教授の高坂正堯《こうさかまさたか》は、雑誌論文で「イギリスは海洋国家であったが、日本は島国であった」との修辞法で警鐘《けいしょう》を鳴らした。海を活用する英国と、海の背後に閉じこもる日本を対比し、わが国が海洋国家として自立するよう提言したのである。

高坂は『中央公論』１９６４年９月号に寄稿した論文「海洋国家日本の構想」で、日本が外に開いた部分がしぼんでしまうと江戸期の鎖国となり、外に開いた部分が暴走すると昭和期の満州事変になったと考えた。そして戦後の日本もまた、自立できない「島国」であり続けていると位置づける。それは、外交・防衛ともアメリカに依存しながら、経済発展のみに精力を傾注してきた代償であると（高坂正堯『海洋国家日本の構想』中央公論新社）。

実際、世界の目が１９６４年10月の東京オリンピックに注がれていたさなかに、共産圏のソ連ではフルシチョフ首相が解任され、中華人民共和国が初の核実験を強行したことはすでに書いた。とくに、「中国核実験に成功」の知らせは、日本がようやく戦後復興を遂げて、世界の主要国に追いつこうとしていたさなかの衝撃波であった。

日本は否応なく、核をもった大陸国家と対峙《たいじ》せざるを得なくなった。それにも拘わらず、アメリカの庇護《ひご》への依存心を克服することができない。日米安保条約の核心は、「アメリカは日本を守るが、日本はアメリカを守らない」という片務性《へんむせい》にあり、いわば半国家的な甘えを引きずってきた。その象徴が、１９７０年代に三木武夫首相が設定した「ＧＮＰ１％枠」という国際情勢無視の防衛費枠であり、眼前の脅威に目をつむってしまったのだ。

パクス・アメリカーナの20世紀なら、日本が島国のままであってもそれは可能だったかもしれない。日本が軍事大国に回帰するのは、アメリカの悪夢でもあった。しかし、世界のパワーがより広く分散し、中国が台頭してパクス・シニカをうかがう状況下では、アメリカに依存するだけでは紛争を抑止できない現実が待っている。振り返れば、今は亡き高坂の警告からすでに半世紀が過ぎている。果たして「島国」の日本は、彼が定義した「海洋国家」に脱皮することができるのであろうか。

中国が「島国」脱却うながす

高坂が取り上げた島国と海洋国家の比較は、便宜的な比喩《ひゆ》であって明確に線引きできるものではない。しかし、傾向を大きくつかんでみれば、日本はいまだ、閉じこもり性向から抜けきれていない。

心情左派が抱く空想的平和主義は、戦前の「神州不滅」神話のように、日本が人民解放軍に侵略されるとは考えない。戦前日本の「絶対不敗」と、戦後の「絶対平和」はコインの裏表で、これほど危険なことはない。不敗信仰は彼我《ひが》の力の差を計算できずに戦争を拡大し、平和信仰は抑止力を崩壊させて戦争を招きかねないのだ。

２０１２年に自民党の第２次安倍晋三政権ができて、ようやく政治的な閉じこもりから脱皮しようとする動きが出てきた。従来の受け身の平和主義から国際的な安定にも寄与する積極的平和主義への転換である。

集団的自衛権の行使を憲法解釈の変更で実施できるようにしたことがその一つ。安倍首相が語っていたように、それまでの日本は、ＰＫＯ（国連平和維持活動）で隣に駐屯するオーストラリア軍が襲われ、「救援頼む」との至急報があっても、自衛隊は「集団的自衛権は保持しているが行使はできない」と断るしかなかった。

それは日本海に展開するアメリカ海軍のイージス艦が某国から航空攻撃を受けたときも同じだ。近くにいた自衛艦は同じ理由で手出しできない。現実に日本が救援を拒否するようなことが起これば、同盟の崩壊である。それが安保法制を整備することによって、当たり前のことが可能になったのだ。

気がつけば、周辺国家は核をもった傲慢《ごうまん》な国ばかりになった。中国、ロシア、北朝鮮という共産主義を潜り抜けてきた後継国家は、すべて独裁色の強い政権である。近年は、その中国が大陸にとどまらず、海軍力を増強して海洋アジアに押し出してきた。南シナ海では8割にのぼる島嶼《とうしょ》の領有権を主張し、東シナ海では沖縄県の尖閣諸島にまで食指を動かす。

半世紀以上も前、中国が初の核実験で日本に「海洋国家」への脱皮を促《うなが》したように、今度は、習近平体制による海洋進出への圧力が、再び日本に島国から脱皮を促すという逆説が起きている。この間に起きたことは、圧倒的なパワーを持つアメリカの海洋覇権に陰りが出始め、中国が新たな地域覇権国として台頭してきたことである。偶然とはいえ、二度目の２０２０年東京オリンピック・パラリンピックを迎えるいま、日本が決意を新たにすべきときがやってきた。

海に押し出す大陸国家

世界を主導してきたアメリカが、アフガニスタンやイラク市街戦で足を取られている間に、中国は西太平洋で海空軍の能力を高めていた。とりわけ、2008年9月のリーマン・ショック後の金融危機で「アメリカの退潮」が指摘されると、中国は既存の国際規範から大きくはみ出したことは周知の通りだ。仮にも、地域覇権国を目指す中国が、国際社会の規範を一気に破壊することになれば、インド太平洋すべての諸国の脅威になる。

ジョージワシントン大学のマイク・モチヅキ教授によれば、新興の覇権国は、①自分の力を過大評価しがちになる。②既存の国際秩序に不満を抱く。③感情的な民族主義に傾斜する。④国家的な損得勘定の分析ができなくなる。ここまで至ると危険水域である。モチヅキ教授はそれを避けるために、ある程度は新興大国の見解を取り入れるとしても、同時に、限界があることも示すべきであると力説する（キヤノングローバル研究所での講演）。

新興大国・中国による領土の現状変更は、1949年の中華人民共和国建国以来、密かに続けてきた未完の事業のようなものである。中国は自国の軍事力が弱ければ、失う国土がいかに大きいかを歴史的体験で知っている。逆にいえば、強ければ国境は拡張できるとの確信があるから、日本が「こちらが協力的なら、中国と平和的なつきあいができる」と考えるのは大きな誤りである。事実、建国直後の中国は、広大なチベットやウイグルを強制的に併合しており、この時点においてすら「新帝国主義」と呼んで差し支《つか》えないものだった。この拡張主義により中国の陸地面積は2倍以上に拡大した。

主要国の主権概念は、１６４８年のウェストファリア条約に基づく国民国家であるのに対し、中国のそれは朝貢・冊封《さくほう》時代の領域観そのままの宗主権にある。南シナ海の８割を自国の領海であると言い張る根拠を、「古代以来、中国のものである」との常套句《じょうとうく》がそれを示しているし、近年の韓国に対する態度にもそれが見られる。

中国は建国以来この方、それまでの陸の国境線を尊重せず、「いまもまだ、これを書き換えようとしている」と、インドの戦略家、ブラマ・チェラニー教授はいう。しかも、近年は劇的な軍事行動を避けながら「小刻みに侵略して、敵国の抑止態勢を崩すだけでなく、敵対国が開戦の責任を負わざるを得なくなる」よう追い込んでいくとみる。

「小刻みに動く」と相手国は深刻には対応できず、これを積み重ねて中国に有利な戦略環境をつくり、「標的とする国の抑止政策を混乱させる」ことでかすめ取る。これをチェラニーは「サラミ戦術」と名付けて、以来、識者の間でこの比喩が定着した（Washington Times, August 6, 2014）。

いまもインド国境では時折、中国軍の越境行動があり、圧力をかけた相手がひるみ、国際社会が反応を示さなければ、理不尽なやり方で自国の利益をさらに拡大しようとする。文字通り19世紀帝国主義の行動様式に合致《がっち》する。その大陸国家の中国が北の国境線をロシアと確定し、南のそれをインドと一部確定すると、海洋に進出してきた。日本を含めた海洋アジアの諸国は、中国による「海のサラミ戦術」に惑わされることになった。

中国の海軍力増強の狙いは、主に３つである。第１に台湾有事に際してアメリカ海軍の介入を阻止するシーパワーを手にすること。第２に海洋エネルギーを獲得するために、それらの海域で海軍力の優位を確保するという野心。そして第３に、アメリカを中心とする既存の国際秩序に対して自国のルールで押し切るためだ。トランプ政権の「国家安全保障戦略」報告が指摘する、「現状維持勢力」に対する「現状変更勢力」による挑戦である。

２００７年５月に訪中した、当時のティモシー・キーティング米太平洋軍司令官に中国高官が「太平洋の真ん中で分割統治しよう」と持ちかけたのは、そうした挑戦意識の現れであろう。当時のヒラリー・クリントン国務長官がその後、やはり中国高官から「ハワイも併合できる」と恫喝されたことを明らかにしている。経済成長を驀進《ばくしん》すれば、自動的にエネルギー消費量が増え、その確保が至上命題になってくるのは避けられない。だが、中国の海軍力増強の３つの目標は、活力みなぎる新しい波のように海洋の覇権国であるアメリカの波とぶつかることになる。

それは３章で検討した「トゥキディデスの罠《わな》」のように、戦後秩序を維持するアメリカに対する危険なゲームである。かつて、日米が１９２２年のワシントン会議で妥協を成立させ、太平洋の権益を東西に分割したことを想起されたい。しかし、日本の満州支配が事実上、その妥協を破壊するものになり、やがて日本軍を破ったアメリカが太平洋の覇者、つまり海洋の「秩序維持勢力」になった。中国がアメリカに仕掛けた外交ゲームは、アメリカ主導の国際秩序に対する挑戦なのである。

「専守防衛」では守れず

西太平洋に面した大陸国家が海に向かうとき、最初にぶつかるのは東シナ海と玄界灘《げんかいなだ》で隔《へだ》てられた日本である。西から押し出してくる荒波をふさぐように日本列島が行く手をさえぎっているからだ。４つの島だけで南北2千キロと細長く、１億数千万人が居住する世界屈指の経済大国である。島国である日本は、四方を海に囲まれているから通商国家としての有利さはあるが、逆にいうと海を面で取られれば、どこからでも着上陸侵攻される脆弱《ぜいじゃくせい》性をもっている。この広い海洋を日本単独で押さえるのは、物理的に可能であろうか。

かつて、朝鮮戦争前の１９５０年1月、当時のアチソン米国務長官はアメリカの東アジアにおける防衛線は「アリューシャン列島から日本を経て琉球に至る」とし、「この線は、琉球を経てフィリピンに至る」と述べたことがあった。したがって、朝鮮半島はアメリカの防衛境界線の外にあるとし、アジア大陸のいかなる地域を保障する意図もないと明言した（ヘンリー・キッシンジャー『外交』日本経済新聞社、下、44～46頁）。

これが北朝鮮の南進の引き金になってしまった。中国が太平洋に進出する段階を示す第1列島線は、実はこの「アチソン・ライン」と重なっている。中国から見れば第1列島線は、アメリカ海軍の接近拒否ラインであり、アメリカから見れば中国海軍が太平洋への突破に備えるヘッジ・ラインにあたる。

いずれにしても、ライン上にある日本は、アメリカ第7艦隊の「矛《ほこ》」と海上自衛隊の「盾《たて》」で対中抑止力を維持している。しかし、この大陸国家がつくる〝巨大津波〟を前に、日米安全保障条約でアメリカに基地を提供し、「盾」だけで島国を守ることが困難になってきた。2010年にオバマ政権が宣言した実体のない「アジア回帰」や、続くトランプ政権の「アメリカ第一主義」によって危うくなり、いまや日本も「矛」の一端を担《にな》う必然性や自立性が問われているのだ。

まず、オバマ政権が核弾頭つきトマホーク巡航ミサイルを太平洋から撤退（2010年撤去発表）させたことで、アメリカの「核の傘」に対する信頼性が一気に薄れた。その後のシリア問題に対するオバマ政権の優柔不断な態度や、インドネシアのバリ島で行われたAPEC（アジア太平洋経済協力会議）など一連の会議にオバマ大統領が欠席することなどにより、アメリカの影響力が損なわれつつあった。中国がそのアメリカの海洋覇権を侮《あなど》って挑戦を仕掛けてくる。日本も独自の力を持たなければ「対中従属」の強要を防ぎきれなくなろう。

戦後の日本は、第２次大戦前のフランス平和主義に似て、「専守防衛」だけで国土を守ろうとしてきた。作家のアンドレ・モーロワは、フランスが巨大な経済力と政治力を持ちながら、ドイツ全体主義という新興勢力に敗北したさまを著書『フランス敗れたり』で描いた。ドイツは着々と侵略戦争の準備を重ね、反戦平和のフランスは国境に防御の「マジノ線」という盾を構築した。独仏国境に築かれたマジノ線は防空に弱く、かつ、大量の戦車師団にベルギー方面から迂回《うかい》されて、たちまち蹂躪《じゅうりん》されてしまった。「専守防衛」の破綻《はたん》である（アンドレ・モーロワ『フランス敗れたり』ウェッジ、11、２０６頁）。

このフランス平和主義がそうであったように、日本国憲法９条の「戦争放棄」が唱える空想的平和主義の呪文は、拡張主義の意思をもつ敵対国にはとても通じない。戦後日本が戦争を回避できたのは、９条ではなく日米安保条約の下で最強のアメリカ軍がにらみをきかせていたからである。モーロワはイギリスの援軍に依存した当時のような反戦平和では国を守れず、フランス自身が精神的にも道徳的にも強くなるよう説いている。それなくして、祖国は「やがてその自由を失う」と自省した。モーロワの教訓は、海洋アジアで砲艦外交に出る中国と、アメリカ軍に依存する現代日本の関係を彷彿《ほうふつ》とさせてはいまいか。

南シナ海の聖域化

日本でも１９７０年代から、中国がやがて南シナ海の島々を奪取し、東シナ海の尖閣諸島に対する攻撃性を強めてくることに警鐘を鳴らした人物がいた。杏林大学の平松茂雄元教授である。平松氏は中国共産党機関紙「人民日報」と軍機関紙「解放軍報」を精読し、小さな記事の断片をつないで全体像を描き出した。平松氏から南シナ海ののどかな風景写真を見せられたのは、１９８０年代末だった。

写真は南海の美しいサンゴ礁の上で、漁師２人がのんびりと漁にいそしむ風景に見えた。だが、彼らがただ者でないことは、背後に翻《ひるがえ》る中国の五星紅旗《ごせいこうき》に明らかだ。満潮時には没するサンゴ礁に、彼らは「海洋観測所」名目の中国海軍の警備所を建てた。１９８８年に中国海軍はスプラトリー（南沙）諸島に陸戦隊を送り、計６カ所のサンゴ礁を占領する。

やがて堅牢な軍事施設をつくり、ベトナムと交戦して艦船３隻を撃沈した。平松氏は中国の危険性について当時の防衛庁に進言したが、聞く耳を持たれなかった。彼は「中国が洋上防空能力を高め、南シナ海をはじめとする周辺海域を〝中国の海〟にしようとの意思の表れ」だと警告した。しかし、当時の日本政府は、こうした中国の海洋戦略を過小評価していたのである。南シナ海の中でも、パラセル（西沙）諸島の中越による争いは、日本降伏後にフランスと中国の国民党政府の綱引きがあり、１９５０年に南ベトナムが西半分を占拠すると、人民解放軍が東半分に進駐した。アメリカ軍が南ベトナムから撤退した「力の空白」に乗じて、中国が１９７４年1月の「西沙海戦」で実効支配している。

カーネギー国際平和財団のI・レーマン研究員は南シナ海の「バスタブで暴れる龍」という論文で、中国の元高官が「領土問題も重要だが、われわれの主たる関心は将来の海洋抑止力の生き残りにある」と語ったと書いている。戦略原潜の基地となる海南島を〝巣穴〟として、巨龍がこのバスタブを自由に泳ぎ回る聖域化戦略である。

冷戦期のソ連はオホーツク海に核ミサイル潜水艦を配備し、アメリカ海軍を近づけさせない聖域とした。これによって、ソ連はアメリカと同等の核抑止力を維持することができた。中国が狙うのは、とてつもなく大きな南シナ海である。トランプ政権のマティス国防長官によると、南シナ海の面積はメキシコ湾の2倍、地中海の１・５倍に相当する。

オホーツク海に比べると、世界の海上ルートの中でも格段に通航量が多い。中国は海南島の軍港に射程8千キロ以上の弾道ミサイル「巨浪2型」を搭載する新型「晋《じん》」級原潜を配備する。中国海軍が南シナ海からアメリカ本土を狙えるようになれば、第2撃報復核戦力による「海洋戦略抑止力」を獲得することになる。中国はアメリカの核の脅威から免れ、周辺国に対して遠慮なく砲艦外交が展開できるからだ。

南シナ海の領有権争い

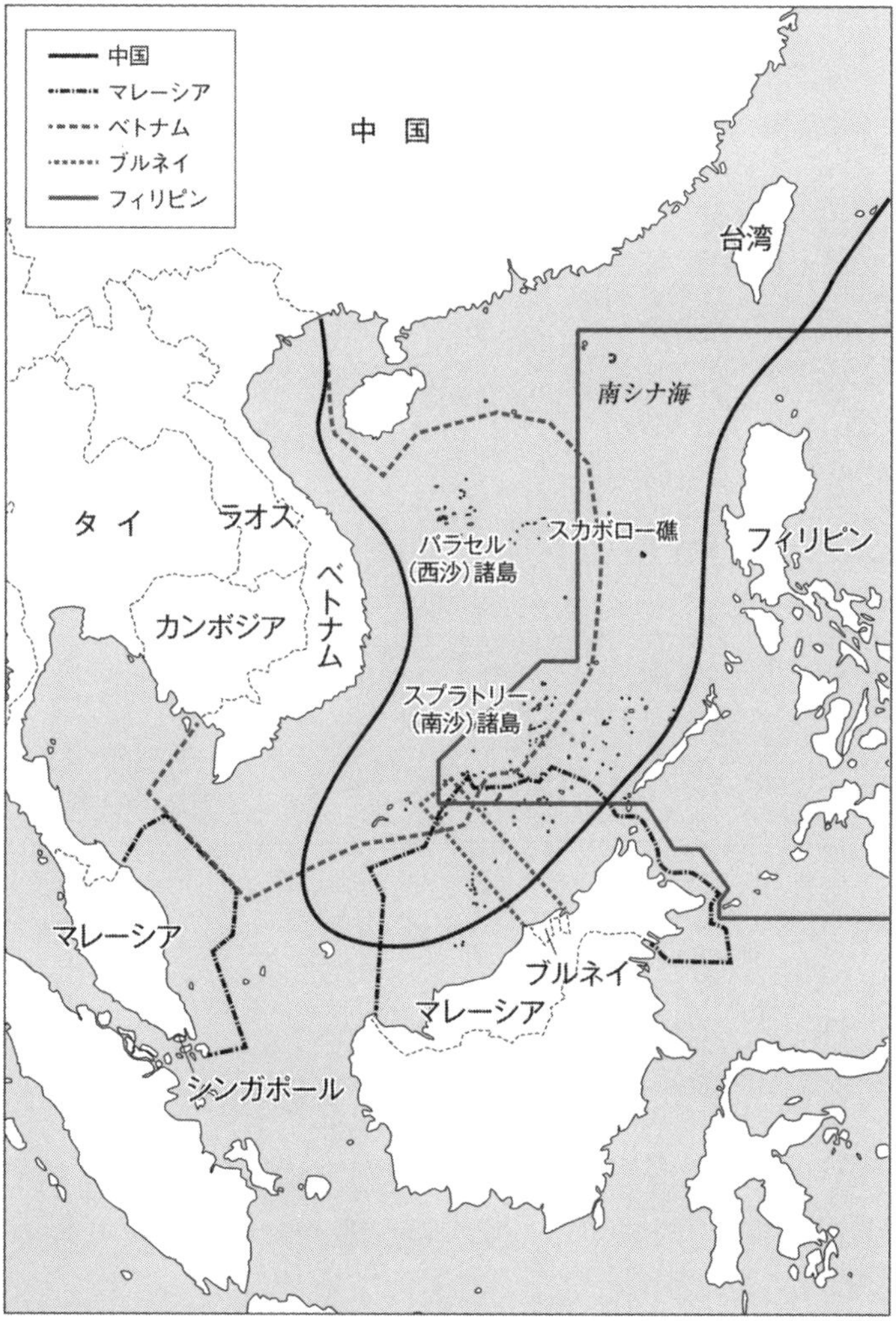
中国
マレーシア
ベトナム
ブルネイ
フィリピン
中　国
台湾
南シナ海
タ　イ
ラオス
スカボロー礁
パラセル
（西沙）諸島
フィリピン
ベトナム
カンボジア
スプラトリー
（南沙）諸島
マレーシア
ブルネイ
マレーシア
シンガポール

中国が南シナ海を「核心的利益」としてベトナム、フィリピンと衝突するのも、この聖域化戦略と無縁ではない。残るは中国が台湾を攻撃する際、介入してくるアメリカ艦隊をどう阻止するかだ。したがって、中国は東シナ海の出口をふさぐ尖閣諸島を確保する誘惑にかられるのであろう。この海域に、アメリカ海軍を断固として寄せ付けない作戦である。

「フランス敗れたり」を避ける道

新たに海洋支配を狙う覇権国は、外洋に乗り出すための橋頭堡《きょうとうほ》となる海域をまず制圧しようとする。本書にたびたび登場するシーパワー論の戦略家アルフレッド・マハン提督は、やはりヨーロッパ旧大陸からの介入を阻止するためにカリブ海の防衛体制を固めることを強調していた。マハン研究が盛んな中国にとっての橋頭堡は、まず地勢的に近い南シナ海であり、次いで日本の南西諸島に出入り口をふさがれている東シナ海である。

２０１２年９月に日本政府が尖閣諸島の所有権を政府に移して以来、それを奇貨《きか》として中国の公船が尖閣周辺の領海内に侵入するようになった。中国外務省の報道官は翌年４月26日に、尖閣を「核心的利益」と位置付けるような発言を行った。中国が台湾、チベット、新疆《しんきょう》ウイグルなどに限定的に使ってきたこの表現を尖閣に使用したのは、この時が初めてであった。いったい中国はどんな戦術で島嶼を奪取しようとするのだろうか。

フィリピンが実効支配していた南シナ海のスカボロー礁（中国名・黄岩島《こうがんとう》）で、2013年に中国がかすめ取った手口を中国海軍の張召忠《ちょうしょうちゅう》少将（国防大学教授）が中国メディアのインタビューで答えている。直前までは岩礁周辺で中比双方がにらみ合い、台風が接近したためフィリピンが後退したスキをついて中国海軍が占拠した。

張少将の中国紙記事を転伝したフィリピン紙によると、中国海軍は戦闘艦などでこの岩礁を幾重にも包み込んで、まず海を面でとる。戦闘艦艇、漁業監視船、さらに海洋監視船を周辺に配備して、継続的に監視する「キャベツ」戦術を展開したという。

張少将は「この戦術によって島嶼や環礁を回収し、防衛する十分な経験を得た」と誇示している。中国はすでに、この海域でミスチーフ礁（美済礁）、アユンギン礁（仁愛礁）と分捕り、その上で少将は「国際法規を遵守《じゅんしゅ》するが、武力によって島嶼を完全に回収することもあり得る」と豪語している。まるでプロイセンの鉄血宰相、ビスマルクが述べた帝国主義的な国際法の解釈とそっくりではないか。

モーロワは先の著書にある最終章で、戦争を避ける方法についてシンプルに「強くなること」と断言しつつ、①政治が敏捷《びんしょう》に行動すること、②国の統一を保つこと、そして③外国政治の影響から世論を守ること、など3点を挙げている。最後に「フランスよ、汝《なんじ》も祖国に忠誠であれ」と呼びかけた。それこそが、「ニッポン敗れたり」を避ける道なのではないか。

英国流の「情報網」と「勢力均衡」

モーロワの警句は、高坂の「海洋国家論」に通じるものがある。高坂はその論文集で、中国が核保有国になったことにより、日本で「対米従属と対中従属というジレンマは実在し、それを逃れる道は日本みずからの力を強める他ないのだ」と述べていた。東西でしばしば日本と対比されるイギリスは、ヨーロッパ大陸の縁辺に横たわる島国であるが、外に向かって自立の道を歩んだ。19世紀のイギリスは大陸の動向に「情報活動」で注意を払い、同時に大陸との「勢力均衡」に腐心した。

イギリスは１７９５年にマレー半島の西岸にある東西貿易の中継地マラッカを占領して「海洋アジア」の橋頭堡を築いた。イギリス植民地行政官ラッフルズはマラッカ海峡から南シナ海、東シナ海を北上する〝海の道〟に沿って、19世紀半ばにはシンガポール、香港、上海をつなぐ壮大な「海の帝国」をつくった。しかし、この栄華を誇った海洋国家の秩序も、第２次世界大戦を境として、アメリカの登場、大日本帝国の崩壊、中華人民共和国の成立などによって、アメリカがつくる戦後の地域秩序に差し替えられていく。

巨大な海洋国家である戦後のアメリカは、かつてイギリスが香港など沿岸都市を戦略拠点にしたように、日本をアジアにおける戦略拠点に活用した。日本から東南アジア、インドを経由してペルシャ湾岸に至るまで「大きな三日月」（アチソン国務長官）によって、国際共産主義の脅威を封じ込めた。そのうえでアメリカは、ハワイの太平洋軍司令部を車軸のハブとしつつ、米日、米韓、米比、米台、米タイなど二国間の条約や協定をスポークに見立てた安全保障体制を構築した。

政策研究大学院大学の元学長、白石隆によると、アメリカが築いたアジアの戦後地域秩序は、日本、韓国、それに東南アジアの諸国の主権を認めつつ何らかの影響力を及ぼすシステムである。しかし、台湾への武力行使を排除しない中国だけが19世紀的な国家主権ゲームを展開し、やがて経済力をつけるや軍事力を増強し、白石のいうアメリカのヘゲモニー「構造的力」に挑戦を始めた（白石隆『海の帝国』中公新書）。

他方、戦後のイギリスは大英帝国としての地位を失い、軍事力でアメリカの後塵《こうじん》を拝《はい》しながらも、そのアメリカに影響力を持ち続けていた。それを可能にしたのは、祖国への誇りと世界にはりめぐらされたイギリスの情報網、それに汎用性の高い英語という言語力であった。サッチャー政権の時に発生した1982年4月のフォークランド紛争では、領土を断固として守る姿勢を示して、海洋国家の面目を保った。

なぜ、アジア海洋国家群なのか

日本にも、江戸後期の頃から「海を活用すべし」として海洋国家論を説いていた学者は数多くいた。仙台藩士の林子平《はやししへい》は長崎に遊学して『海国兵談』を著《あらわ》し、「江戸の日本橋より唐・オランダまで、境なしの水路なり」との有名な一節で海防の急務を説いた。水戸藩士で思想家の会沢正志斎《あいざわせいしさい》も『新論』で、「西洋人は巨艦大船に駕《が》し、（中略）大洋を視《み》て坦路《たんろ》となし、数万里の外も直ちに隣境《りんきょう》となす」。つまり、日本は海によって閉ざされているのではなく、海で世界と直結しているという発想であった（林子平『海国兵談』岩波文庫、25頁）。

明治期の目覚ましい近代化は、西洋の脅威への対応だった。海からの脅威が近代化のエネルギーを生みだしたように、いまは、皮肉にも中国からの脅威が日本に真の海洋国家になるよう促しているのではあるまいか。日本が強力な抑止力を持たずに、国土を明け渡してしまうスキを見せたら、中国からのさらなる侵略を封じることはできない。

日中関係は２０１２年９月に野田政権が尖閣諸島を国有化して以来、戦後、もっとも厳しい局面を迎えている。尖閣諸島の領有権が日本にあることは言うまでもない。だが、中国指導部が92年領海法に尖閣の所有を書き込んでいる以上、彼らは決して退くことはない。国力に自信をもつ中国は、国内法を国際法に優先しているからである。日中ともに退けない以上、外敵の侵入に対して国を挙げて戦う覚悟と、武力衝突に至らない知恵を絞りださねばならない。

尖閣諸島周辺海域で中国の公船が領海侵犯を繰り返しても、日本はこれを法的にも軍事的にも排除できない。領海を守るための領域警備法が、海上保安庁や海上自衛隊にいまだ与えられていないからである。海上保安庁法は海上の安全と治安の確保を義務づけるだけで、任務の対象も「軍艦及び公船を除く」とあり、民間船舶しか取り締まれないのだ。

自衛艦もまた、「わが国に対する急迫不正の侵害があること」など条件の厳格な防衛出動が発令されないと動けない。自ら抑止力の芽を摘んでいては「海洋国家」の要件を満たしているとはいえない。冷戦時代のアメリカとソ連は、軍同士の相互連絡メカニズムを構築して、偶発的な衝突を回避してきた。日本も同様の呼びかけを中国にしているが、彼らはこれを拒否し、交渉を再スタートさせても長引かせるばかりだ。

それらを前提に考えると、日本に必要なのは、果敢な「情報活動」で大陸の動向に細心の注意を払い、大陸との「勢力均衡」に腐心したイギリス・モデルが有用であろう。核戦力も空母打撃群もない中で、とりわけ戦略的能力を持つ長距離弾道ミサイルの配備が重要になる。２００４年に公明党の反対で流れてしまったのはまことに遺憾だ。中国はすでに射程１５００キロの対艦ミサイルを開発し、海南島に配備すると台湾海峡からU字型海域の南シナ海がすっぽりと入る。かつ２０１２年に韓国がミサイルの射程を８００キロに延ばしており、安倍政権に再検討を期待するしかない。日本の防衛費増により、先島《さきしま》諸島など島嶼攻撃に対する対応、対艦ミサイルの配備、弾道ミサイル攻撃への対処、監視体制の強化などにより、「領域防衛」の体制を固めつつある。重要なのは、先制攻撃を可能にする決意であって、攻撃力と防衛力がなければ抑止力は成り立たない。日本にちょっかいを出せば、中国も大きな痛手を被《こうむ》ることになるとの意識を持たせることである。

海洋国家の「遠交近攻」外交

いまや、アメリカと中国の軍事バランスは、アメリカ太平洋軍単独では「数的劣勢」にあることが明らかになっている。すでに、イギリス国際戦略研究所の２０１１年版「ミリタリーバランス」の段階で、専門家がまとめた数でいうと、主要水上艦艇数は中国軍の36隻に対してアメリカ軍が9隻、戦闘機数は中国軍４０３機に対してアメリカ軍１５４機と中国が圧倒する。日本とアメリカはこの劣勢をどうしたら覆《くつがえ》すことができるのか。アメリカ軍に加えて日本の自衛隊、韓国軍、オーストラリア軍の同盟軍が参加すると、同盟国が「数的優勢」に転じる。艦艇では36対81に、戦闘機で４０３対８３５となって逆転する。

これらは数量面だけで兵器の質的能力ではないが、中国軍は質量ともに右肩上がりである。いまの韓国を中国の〝従属変数〟ととらえた場合、東南アジアの海洋国家との連携がいっそう重要になることは明らかだろう。韓国と同じように、中国と陸続きのミャンマー、ラオス、カンボジアなどインドシナの「半島アジア」は同じく従属変数に陥《おちい》りやすい。アジア太平洋の力学が数年のうちにパワーシフトする前に、中国に対抗する「海洋アジア」の安全保障の枠組みを構築しなければならない。

アメリカの対アジア戦略は、すでに述べたアメリカをハブ（軸）とした米日、米韓、米比、米台、米豪、米タイなど、それぞれとスポークで結ぶ「ハブ・アンド・スポーク」の二国間同盟から形成されている。オバマ前政権は相対的な国力低下と財政難から、多国間を網の目で結ぶ「ネットワーク」防衛に戦略を転換しつつあった。帝国主義化する巨大中国に対し、アメリカを核とする「アジア海洋安保」の防衛体制である。

すでに、安倍政権はこうした枠組みを意識してか、日米同盟を基礎として中国と韓国以外のアジア諸国との関係強化につとめてきた。安倍首相がたびたび東南アジア各国を訪問して、集団的自衛権の正当性を説明し、日米同盟の強化が南シナ海や東シナ海の安定につながることを強調するのは妥当な外交である。

日本の民主党政権時代、インドネシアのユドヨノ大統領は中国が自国の規範を押しつけてくることを懸念し、日米豪との連携を探ってきた。２０１１年１月に国防大臣を東京に送ってきたが、武器輸出三原則がカベとなって通常型潜水艦や巡視船の供与などに応えられなかった。安倍政権はこの連携を再構築しなくてはならない。

安倍外交は、「遠交近攻」という中国古来の手法を援用し、中国の侵略意図を削《そ》ごうとしている。これは遠い国と手を組んで、近くの敵に二正面や三正面作戦を強《し》いる作戦をいう。安倍首相はこれまで、東南アジアを経由した海洋国家群の南回りと、ユーラシアの大陸国家群の北回りの外交をもって、中国に対中包囲網を意識させた。日米同盟を土台として欧州へ筋交《すじか》いを伸ばし、「国家の耐震性」を強くする考え方である。

「アジア海洋安保」の輪は日米豪印だけでなく、領有権を巡って中国と対立しているフィリピン、ベトナム、マレーシア、ブルネイにも拡大すべきである。シンガポールもアメリカ海軍の戦闘艦を複数配備することを容認し、インドネシアも「日米同盟はアジアの公共財」（ジュウォノ元国防相）と公言して、中国の拡張主義に対する警戒を緩めなかった。オーストラリアには日米豪印協調に動くターンブル政権がある。

こうしてみると、日本政府の従来の「集団的自衛権の行使はできない」とする憲法解釈が、いかに時代に取り残されたものかが分かる。東南アジア、インド、オーストラリアなどとの協調は、広い意味の集団的自衛権の行使につながり、そもそも「行使」がなければ日米安保条約でさえ成り立たない。筋交いの補強には安全保障面だけでなく、成長するA

SEANと日本が連携するという経済の「遠交近攻」もある。傲慢な中国の巨大市場だけに依存する必要がなくなるからである。

歴史上、海に出てきた大陸国家が力を振り回すとき、多くは奢《おご》りから周辺国の反発を買い、戦費の重圧によって衰退していった。16世紀のオスマン帝国、18世紀のフランス帝国、19世紀の統一ドイツ帝国などが崩壊の道をたどる。対する海洋国家は、1840年代のイギリス、1870年代のアメリカである。そして日本はいま、ようやく「海洋国家」として中国に対峙《たいじ》している。

中国が「責任ある大国」として日本や東南アジア諸国と交流する方が、彼らの国益にかなうと気づくまでは、中国からの圧力に耐えなければならない。台湾の要人は「中国との不安定な関係は60年以上に及ぶから、台湾には免疫ができている」と私に語ったことがあった。日本は抑止力を整え、この免疫力を加味して巨大軍事国家と均衡する道を探るべきであろう。

（6章で取りあげる年表上のことがら）

２００９年　中国、南シナ海の「九段線」地図を国連に提出
２０１２年　習近平訪米で「新型の大国関係」初めて言及
２０１３年　東シナ海の防空識別圏（ＡＤＩＺ）設定
　　　　　　米中首脳会談にて「新型の大国関係」で「重要な合意あり」と発言
２０１４年　中国が「日本の軍国主義復活」プロパガンダ開始（前年末、安倍首相靖國参拝）
２０１６年　国際仲裁裁判所の裁定が出るも中国は「紙クズ」と無視
２０１７年　習近平「太平洋には中国と米国を受け入れる十分な空間がある」と発言
　　　　　　中国海軍を15％増員する軍改革案公表
　　　　　　トランプ政権「国家安全保障戦略」、中露は自由主義秩序を阻害する「修正主義国」と定義
２０１８年　米「国家防衛戦略」で中露を大国間の戦略的ライバル強国と規定

第6章　アメリカの「地政学的先細り」

閉じこもりを叱咤する

日本外交はいまや、海にはみ出す中国の膨張主義を食い止める国家戦略を抜きには考えられなくなった。冷戦期の中国は、周囲14の諸国と国境をめぐる対立があったが、このうちインドとブータンを除いて陸の国境紛争はほぼ解決した。近年の膨張は、陸地から海洋にせり出し、近海の8つにのぼる沿岸国との基本合意すらできない。

厄介なのは、日本の同盟国であるアメリカと急膨張する中国が、互いを牽制《けんせい》して「穏健」と「強硬」を繰り返す外交ゲームを展開していることだ。とりわけ、最前線で中国から領土拡張主義の圧力を受ける日本は、アメリカと連携を強めながらも自力で持ちこたえねばならない。たとえ中国が対外的な穏健策に踏み出しても、国内事情によりいつまた強硬策に転じるかは予測がつかないからだ。

シカゴ大学のジョン・ミアシャイマー教授によれば、巨大な侵略国を前にした抑止戦略は大きく分けて３つ考えられる。第１に勢力均衡を図る意思を外交チャンネルで侵略国に伝え、イザというときに備えて軍事力を強化する。第２に同様の脅威を受けている諸国と防衛的な同盟を組んで、侵略国を封じ込める。第３に国防費増と徴兵制など国力を最大化して、自助により侵略国を抑止する――などである（ミアシャイマー『大国政治の悲劇』五月書房、２２３〜２２４頁）。日本の場合は第１と第２の組み合わせで、自衛力を高めつつアメリカから抑止力を引き出し、中国との勢力均衡を図る。その上で、日本がインド太平洋戦略として日米豪印を結束させる役割を担《にな》う覚悟が必要になる。覇権大国を目指す中国の「帝国型」に対して、併存して覇権国に対峙《たいじ》する「勢力均衡型」の布陣である。

ただ、バラク・オバマ政権（２００９〜17年）は国力の衰退を恐れ、日本を背後から支援するだけにとどめようとする誘惑にかられた。トランプ政権もまた「アメリカ第一主義」で、中国と二国間の取引外交に陥《おちい》りがちになる。従って、安倍晋三政権には、閉じこもりがちなアメリカを叱咤《しった》し、対中抑止力を引き出す戦略的な外交が欠かせないのである。

日米同盟を土台に2つの筋交い

戦後の日本はアメリカの庇護《ひご》の下に、濃密な依存心を克服することができないまま日米安保条約の真綿にくるまれてきた。この条約の核心は、「アメリカは日本を守るが、日本はアメリカを守らない」という片務性《へんむせい》にあり、半国家的な甘えをひきずったままである。しかし、アメリカの海洋覇権に陰りが出始め、中国が地域覇権国として台頭してきたいま、日本が前章で述べたように「依存心の強い島国」から「自立的な海洋国家」に脱皮しなければ、やがて日米同盟が機能しなくなる日がやってくる。

第１次安倍政権（２００６〜07年）の際は、初めての訪問先に中国を選び、双方が受け入れやすい「戦略的互恵」をもって、冷え込んだ日中関係を修復した。それは、歴史認識の正邪を問う不毛を繰り返すのではなく、互いの国益のために共通の利益を探りだす方便であった。ところが、第２次安倍政権はいきなり、新しい地域覇権国の台頭に苦慮しなければならなかった。自民党が政権を奪還した２０１２年12月26日は、民主党政権が尖閣諸島を国有化して３カ月が経過したばかりで、中国との緊張のさなかにあった。習近平は11月に総書記に選出されると、「海洋強国」を打ち出して威圧的な姿勢をあらわにした。安倍政権は初めから「脅威の顕在化」と向き合う過酷な船出であった。

第２次政権が発足して首相の最初の訪問先は当初、同盟の強化を目指してワシントン訪問を探った。中国の尖閣諸島に対する異常な威嚇行動を牽制するためには、妥当な選択であった。しかし、オバマ第２次政権も発足したばかりで日程が合わず、安倍の外交チームは自動的に東南アジアに目を向けた。日米同盟が安全保障の「土台」だとしても、外交の耐震性を強化するための「筋交《すじか》い」として、準同盟国や友好国を増やさなければならない。

　安倍政権はまず筋交いの強化を優先し、「地球儀を俯瞰《ふかん》する外交」という名の遠交近攻戦略にカジを切った。中国古来の外交思想には、遠い国と手を組んで、近くの敵に対しては二正面や三正面作戦を強《し》いる計算高い考え方があった。安倍政権の首脳外交を俯瞰してみると、この中国戦国時代の手法を逆手に、「遠交」によって安全保障を確保する外交術が浮かび上がってくる。安倍首相は就任直後の２０１３年年明けから、まずは東南アジアの「海洋国家群」を訪問し、途中に同盟国のアメリカをはさんで、さらに、ユーラシアからアラブの「大陸国家群」へと足を伸ばしている。これらを線で結んだ南回りと北回りの弧の真ん中に、膨張する中国がある。政府高官は北回りの外交をもって、「対中包囲網というパズルを埋める上で有効な〝北方〟のピース（小片）になる」（産経新聞２０１３年３月30日付）と述べ、〝南方〟のピースに続いて着実に駒を進める構図を描いた。その狙いはヨーロッパに向けて南回りと北回りで、海と陸の二本の筋交いを通すという「外交の強靱化《きようじんか》」策である。伸ばす先のＮＡＴＯには、アメリカが大西洋側から主軸を通しており、東と西が共通の価値観で結ばれる。安倍外交はこの外遊パターンが基本になった。

　安倍政権にとって、この戦略概念は決して新しいものではない。７年前の第１次安倍政権は、東アジアから中央アジアを経て東欧まで帯状にぐるりと延びる外交戦略を「自由と繁栄の弧」と呼んでいた。この広大な地理的空間で自由と民主主義、市場経済と法の支配、人権を尊重する国々を支援し、同じ価値観を持つ国を友邦としてきた。

日米離反を喜ぶのは誰か

首相は2年あまりで50カ国以上の国々を訪問し、「法の支配」によって海洋秩序を維持すべきことを戦略的に提起し続けた。2006年9月から約1年、そして2012年12月に発足した第2次政権へと、変わらぬ通奏低音《つうそうていおん》として流れるのは「価値観外交」である。しかし、7年前と劇的に変わったのは、経済力をつけて帝国化する中国の存在に他ならない。尖閣諸島の領有権問題は、日本の国家主権にかかわるだけに安易に妥協はできない。問答無用の中国は、国際法規を無視して「力による現状変更」に邁進《まいしん》した。東シナ海と南シナ海の沿岸国に対して、中国の意思を力ずくによって強要する。醜い大国意識が開花して、中華世界を構築するという「帝国主義への衝動」であった。

習近平主席が2013年秋に打ち出した、シルクロード経済ベルトと海洋シルクロードで構成する「一帯一路」構想は、安倍政権の「自由と繁栄の弧」をひっくり返そうとする亜流である。安倍政権が掲げる自由と民主主義に対して、中国は道路などインフラ整備資金が不足する弱小国家の弱みに付け込む小切手外交であった。

日本外交の基軸は、昔も今も日米関係であることに変わりはない。とりわけ、同盟を支える日米安全保障条約が、尖閣諸島を狙う中国を抑止する有力な〝武器〟であることを証明している。1期目のオバマ政権はクリントン国務長官の主導による外交面の「ピボット」（軸足移動）であり、安全保障面では「リバランス」（均衡回復）を目指して対中包囲網の構築に動き出した。ただ、米政権はいずれの場合も、情勢に応じて変幻自在に動くから注意を要する。小泉純一郎政権と密接な日米関係を築いたブッシュJr.政権ですら、2期目に入った2008年、日本を無視して北朝鮮に対する宥和策《ゆうわさく》に走りだしたことがある。核放棄のあてもないのに「テロ支援国家」の指定を解除し、挙げ句に重油支援を北にタダ取りされてしまった。日本国民は拉致《らち》を含む北の無法ぶりに戦慄《せんりつ》し、敢然と闘うことを拉致被害者の家族から学んでいた。このときの日本の政権は福田康夫首相に移っていたが、安倍は苦々しい思いでブッシュ政権の変質を眺めていた。安倍首相はアメリカが移ろいやすい国であることをもっともよく知る政治家なのである。

「抑止」から「抑制」へ

第2期のオバマ政権になるとガラリと様子が変わる。一言でいうと、力の均衡をはかる「抑止」から協調が色濃い「抑制」にトーンダウンする。第2期政権で外交を演出することになるトーマス・ドニロン大統領補佐官は、「中国との対立は望まず」と繰り返し、軍事だけでなく政治、経済の再均衡を強調する。オバマ政権の「関与とヘッジ（備え）」戦略のうち、クリントン国務長官が主導してヘッジ重視の対中政策から関与重視にシフトした。

国務長官は対中融和派のジョン・ケリーが就任し、日本の尖閣諸島を狙う中国への対応も「アメリカが戦争に巻き込まれても何の得にもならない」との議論にまで進んだ。アメリカ発の「巻き込まれ論」である。アメリカ外交はケリー長官、ドニロン補佐官の主導により、第1次オバマ政権初期の「米中G2体制」外交（次節で詳説）へと逆戻りした。背景にあるのは、アメリカ政府の予算削減で否応なく軍事費の削減が迫られていることだった。「新型の大国関係」という政治コピーは、習近平が2012年2月に副主席として訪米した折に、彼の対米政策の中核にすえたものであった。それ以降、中国要人は繰り返しこれを強調して、アメリカに同意を求めてきた。2013年6月にカリフォルニア州で開催した米中首脳会談後の記者会見でも、習はわざわざ中国人記者に質問させて、両者が新型の大国関係で「重要な合意」があったことを明らかにしている。中国はアメリカと肩を並べる大国の地位を求め、かつ中国の核心的利益を尊重する枠組みと考えていた。核心的利益とは、獲得するためなら武力行使も辞さないという意味である。チベットや台湾のほか、近年では南シナ海のほぼ全域から東シナ海のわが尖閣諸島までが示唆されている。ところがアメリカは、この概念を「中国との競争をコントロールし、地政学的な問題で中国の協力を引き出す手段」としか考えていないという。日本をはじめとする同盟国からみれば、米中共同統治（Ｇ２）をにおわす概念をアメリカが受け入れ、域内各国を脇役に追いやっているようにしか見えない。新アメリカ安全保障センター上席研究員のラトナーは、「アメリカがＧ２関係を何よりも優先しているので、これからはアメリカに頼っても仕方がない」との底意《そこい》をもって、中国が暗にアジア各国を脅していると考える。中国は巧みなワナを仕掛けてアメリカを誘導し、手もなくそれに乗せられているとの構図だ。たとえばスーザン・ライス大統領補佐官（安全保障担当）は２０１３年11月、ジョージタウン大学の講演で「新型の大国関係を運用可能にすべき時である」と述べて、アジア諸国を不安にさせた。アメリカが「新型大国関係」に同意すれば、中国は「アメリカが核心的利益を尊重した」と曲解して、東シナ海や南シナ海で自己主張を強めてくるだろう。

アメリカは誤解されがちな「新型の大国関係」の政治コピーを捨て、中国に対して「力による領土・領海の現状変更はこれと矛盾する」と明言すべきだった。理念が定義もないまま独り歩きすれば、誤解と不信から危険な方向に迷走しかねない。

前国家安全保障会議上級部長のビネンダイクはオバマ政権が「前方展開戦略」ではなく、「前方提携戦略」へ転換することになると指摘した（New York Times com.）。ヨーロッパが動いたマリやリビアでの戦闘行動のように、アメリカは背後から支援するオフショアバランス（沖合均衡）方式で臨んだ。しかし、中国の台頭は地政学的な挑戦であり、時間をかけてアメリカによる国際秩序を崩している。

オバマ外交の戦略欠如

もともとアメリカ社会は内向き傾向の強い国であった。第1次大戦も第2次大戦も、アメリカ自身が他国から攻撃を受けるまで、世論の足かせから参戦を決意することはできなかった。ただ、近年の内向きは、政策決定に関与する政治指導者や知識層にその傾向が強い。いわば「エリート層の引きこもり」である。

その典型が、アメリカを主導していた当時のオバマ大統領であるから病理は深い。ロシアのプーチン大統領がシリアのアサド政権から「化学兵器の放棄」を取り付けた直後の2013年9月10日、オバマ大統領のホワイトハウス演説は、「アメリカは世界の警察官ではない」など、中東政策の敗北宣言に聞こえたほどである。揺れ動いたオバマ大統領の外交思考は、いったい何を基軸にしていたのだろうか。2014年1月のアメリカの有力誌『ニューヨーカー』に、大統領が「私にはいま、ジョージ・ケナンのような人物を必要としていない」と語り、グローバル戦略を拒否する記述があった（New Yorker, January, 2014）。

ケナンはソ連を崩壊に導いた「対ソ冷戦」戦略の生みの親である。第２次大戦終結後の１９４６年２月、ケナンがモスクワのアメリカ大使館から送った公電は、米ソ摩擦の原因が単に両者の誤解からくる違いではなく、ソ連に内在する拡張主義と共産主義イデオロギーにあると力説していた。国務省政策企画部長になるケナンは、やがてソ連との対決理論「封じ込め戦略」を打ち出す。ケナン公電がいう「ソ連」という表記を「中国」に置き換えると、そのままインド太平洋のいまに通じるだろう。中国指導部は「内在する拡張主義と一党独裁体制の維持」のためには、手段を選ばずに力を行使する。外に向かっては、アメリカが構築した東アジアの戦後秩序に挑戦する。もちろん、経済交流のなかった当時の米ソ関係と、投資と貿易が巨大に膨らむ米中関係では、異なる戦略が必要であることはいうまでもない。

しかし、オバマ大統領は先のニューヨーカー誌で、歴代の民主党政権が築いてきた理想主義の対外的干渉を否定し、ヘンリー・キッシンジャー元国務長官やブレント・スコウクロフト大統領補佐官らの現実主義からさえも遠ざかる。大統領は「政治変化や近代化はそれぞれの国に独自のものであり、西側からの解放物語ではない」と同誌に語った。大統領はむしろ、「適切な戦略的パートナーが必須である」として、アメリカの能力の限界を明らかにしたのである。安倍政権が内にこもる島国思考を脱し、積極平和主義を掲げて海洋国家を目指すのとは対照的であった。安倍首相の不幸は、アメリカのカウンターパートがその島国思考のオバマ大統領だったことであり、その後継もアメリカ第一主義のトランプ大統領であることだ。２０１３年4月に訪日したケリー国務長官が、中国を「必要不可欠なパートナー」と公言し、ドニロンの後任としてホワイトハウス入りしたスーザン・ライス補佐官も同じ路線を踏襲する。

これらの外交思考は、オバマ大統領の政策顧問を務めたズビグニュー・ブレジンスキー元大統領補佐官が強調する「単独で覇権をとれる時代は終わった」との考えに通じる。彼はアメリカが19世紀のイギリスのように各地域のバランサーとして勢力均衡をはかる役割を果たすべきだと説いた。沖合から勢力均衡を図る〝オフ〟ショアバランス（沖合均衡）として、離れた地域から前線の同盟国を支援する。自ら敵対国と対峙する〝オン〟ショアバランス（直接均衡）の役割を放棄し、アメリカのグローバル戦略からの退却を示唆した。

プリンストン大学のアーロン・フリードバーグ教授は、彼らにとって重要なのは「平和の可能性を押し広げることからくる精神的報酬と、中国政府から崇敬され、尊重されることからくる満足感だった」と皮肉っている（アーロン・フリードバーグ『支配への競争』日本評論社、２５１頁）。実際、オバマ政権のエジプト、シリアでの優柔不断な対応は、「地政学的先細り」（ハーバード大学のニーアル・ファーガソン教授）であって、そもそも勢力均衡のバランサーにもなれなかった。シリアの反アサド政権派への武器供与など介入が有効な時に躊躇《ちゅうちょ》し、アサド政権が持ち直してから介入しようとしたが、もはや効果がなかった。

そうしてみると、オバマ政権は日本の尖閣諸島に関して、「日本の施政権下にある限り日米安保条約が適用される」と述べながら、一方で、「主権をめぐる争いでは特定の立場はとらない」と中立を装ったのも同じ流れである。アメリカの歴代政権は、北方領土問題では日本の立場を一貫して支え、ロシアが主要国首脳会議（G８）に加わる前のG７サミットでは北方領土に関するG７声明にも積極的に支持した経緯があった。

第2期のオバマ政権は、抑止から抑制に転じて、中国に「協調の窓」を開け放した。しかし、抑制は相手が同じ気持ちにならなければ、かえって脅威は増大する。戦略的な抑制のつもりでも、中国が「弱いオバマ」の反映とみれば、そのスキを突かれてしまう。尖閣諸島を含む東シナ海に対する中国の防空識別圏（ADIZ）の設置は、そこに付け込まれた典型例だ。オバマ政権が再び軌道修正して、オンショアバランサーとして「アジア太平洋の安定に寄与」するとの表明は、２０１４年４月訪日の日米首脳会談まで待たなければならなかった。

双務性が同盟を強化する

オバマ政権といえども日本という同盟国を失えば、アジアでの足がかりを失う。逆に、日本がアメリカを失えば、時代錯誤の中華帝国という勢力圏に組み込まれるだろう。そうならないためにどうするか。日米の安全保障問題専門家がベースとして考えるのが、2000年10月の第1回「ナイ・アーミテージ報告」に盛り込まれた日米同盟の設計図である。

実は、安倍政権で実行されてきた多くの安全保障政策が、結果的にこの「ナイ・アーミテージ報告」の中に、おおむね盛り込まれていた。まず、長期的な国益のために「国家安全保障戦略」を策定し、それを効率的に遂行する「国家安保会議」を設置する。日米が軍事情報を共有するために、機密保持を強化する「特定秘密保護法」を制定。同盟の双務性を高めるための「日米防衛協力のための指針」（ガイドライン）の見直し。同盟の障害になっている「集団的自衛権の行使」を憲法解釈の変更で容認する。そして、日米が合意しているはずの沖縄県のアメリカ海兵隊普天間飛行場の辺野古《へのこ》移設である。

2013年10月3日の外相・防衛相レベルの日米安全保障協議委員会（2プラス2）の共同声明では、この「同盟の絆」が明文化された。安倍政権が進める集団的自衛権の行使容認がアメリカに支持され、首相の「積極的平和主義」が評価された。中国や北朝鮮への対応を念頭に、自衛隊と米軍の役割分担を定めた日米ガイドラインを早期に再改定することを確認した。これが同盟の肝である。日米分断を狙う中国と反日色を強める韓国が、この共同声明に衝撃を受けていたことがそれを証明している。韓国紙、中央日報は「日米蜜《みつ》月《げつ》、試される韓国外交」と報じ、集団的自衛権の容認によってアメリカが韓国より日本を重視しているとのねたみが噴出した。

「新型の大国関係」というワナ

優柔不断なホワイトハウスを震撼させる事態が東シナ海で起きた。中国国防省は２０１３年11月23日に東シナ海の防空識別圏（ＡＤＩＺ）を設定し、領空なみの義務を課していた。オバマ政権にはそれが日本を標的にしたというより、アメリカの外交的な弱みにつけ込んだ中国勢力圏の拡大に映ったであろう。英紙フィナンシャル・タイムズは台頭する独裁国家と低潮期にある民主国家との間の緊張を管理しながら経済成長することは可能かと問い、その危険性は「19世紀末にドイツ帝国がヨーロッパの経済的、軍事的大国に台頭してきたときに提起されたが、今日、共産中国の台頭によって再び問われている」(Financial Times, December 3, 2013) と指摘した。

アメリカ軍は12月26日、Ｂ52爆撃機２機を中国が設定したＡＤＩＺに通告なしに飛ばした。アメリカは、新興大国の見解をある程度取り入れるとしても、同時に「限界があることも示すべきである」と考える。やむを得なければ戦い抜くという決意と能力は、むしろ、妥協を可能にする条件である。日米連携による抗議に中国国防省の楊宇軍《ようぅぐん》報道官が「とやかく言うな」と反論し、それがかえって対中批判の輪を韓国、台湾、東南アジアからヨーロッパにまで広げていった。

中国指導部はオバマ政権を見くびり、日本の尖閣防衛に対抗してＡＤＩＺを強引に設定した。だが、中国軍によるＡＤＩＺの発表は、アメリカが再び「米中Ｇ２」として立派な席を用意したのに、その宥和策を蹴ったようなものだ。あるいは、中国軍がそれをアメリカの弱さの証明と判断し、どこまでアメリカが対抗手段をとるか見極めようとした可能性もある。中国はこれまで、日本に対して戦後秩序を破る「アジア共通の敵」と繰り返し宣伝してきた。しかし、このＡＤＩＺの設定により、中国こそが「現状の破壊者」であることを証明してしまったのは皮肉なことだ。むしろ、やり過ぎてアジアを近隣諸国の対抗連合に走らす事態を招いていた。

オバマ政権は習近平主席が繰り返す「新型の大国関係」という政治コピーを安易に受け入れすぎていた。「新型の大国関係」に対応する概念をあげるなら、米中の「リバランス」（再均衡）のはずである。追われる既存大国が、追いすがる新興大国の使う概念を、定義も不透明なまま受け入れれば、両国の力関係が逆転しかねない。習の「新型の大国関係」はむしろ、オバマの「リバランス」により東アジアが対中抑止で結束することを恐れて、ひねり出したアプローチであった。

安倍首相はワシントンの佐々江賢一郎駐米大使に指示して「新型の大国関係」を使わないようホワイトハウスに働きかけたが無視されていた。さすがに、中国の誇大宣伝に危機感を抱いた国家安全保障会議前アジア上級部長のメデイロスが、「今後は核心的利益には言及しない」と反省の弁を述べたのは、ずっと後になってからだ。

反世論戦を仕掛ける

そんな閉塞感《へいそくかん》の中で、安倍首相は２０１３年12月26日、ついに靖國神社参拝を断行した。中国と韓国が反発するのは織り込み済みとしても、アメリカまでもが「失望した」と声明を出したことは、オバマ政権上層部の「巻き込まれたくない症候群」が重症であることを示した。中国や韓国が靖國参拝を奇貨《きか》として、外交的な巻き返しのチャンスとみたのは確かである。中国はすかさず、各国に駐在する大使に「安倍首相が軍国主義の亡霊を呼び起こした」（劉暁明《りゅうぎょうめい》駐英大使）との非難キャンペーンの訓令を発した。劉駐英大使の英紙デイリー・テレグラフへの寄稿を例にみると、「過去の侵略を否定し、軍国主義の台頭を許し、戦争の脅威を高める」などと比喩《ひゆ》を交えて非難した。

劉大使の「世論戦」に対抗して、日本の林景一駐英大使は同紙への寄稿で、事実をもって語らせる「反証戦」で挑んだ。大使は中国軍艦が同年に火器管制用レーダーを日本の海自艦に照射した事実を語り、「中国の挑発のさらなる証明は、一方的な防空識別圏の宣言である」とえぐり出した。「軍事費を20年間、10％以上増やしている国が、隣国を軍国主義と呼ぶとは皮肉なこと」と結んだ。過去の日本軍国主義よりも現在の中華帝国主義の方が、よほど危険であることを浮かび上がらせたのである。重要なのは論より事実であり、逆に日本の正当性を訴える絶好の機会になった。

自衛隊は海外でただの一発も銃弾を撃ったことのない、世にも不思議な軍隊である。占領下でつくられた日本国憲法が「国の交戦権」を認めず、自衛隊法はおおむね正当防衛しか認めていない。かたや、大陸の中国は戦後十回以上、近隣に戦争を仕掛けており、何発撃ったか分からない。陸では国境線を突破してソ連、インド、ベトナムに侵攻し、海でも領有権を争うベトナム艦船を沈め、フィリピンを砲艦で脅す。その好戦的な国家が、戦後民主主義の優等生を「悪逆非道の国だった」と非難したとて誰も信じない。

その結果が興味深い。デイリー・テレグラフの電子版に書き込まれた５００以上の読者コメントの大半は、中国の発信に「日本の軍国主義を語る前にチベットや天安門事件はどうなのか」と中国の泣き所を突いていた。中国による「子供じみた宣伝」は、かえってヤブヘビだったらしく、日本の即時反論は成果を生んでいた。

アメリカの左派リベラル新聞の一部は、首相の靖國参拝によって「中韓との雪解けの可能性は死んだ」と書いた。しかし、中国と韓国の対日関係改善の動きは過去1年間、ほとんど見ることはできなかった。まして中国にはこのとき、改善の意思があるとは思えない。むしろ日本国内では、首相の靖國参拝を批判するオバマ政権に対して反発する声が勢いを増してきた。オバマ大統領の「アジア回帰」に対する曖昧《あいまい》な外交姿勢、ロバート・ゲーツ前国防長官が新著で指摘するジョセフ・バイデン副大統領の稚拙《ちせつ》な外交判断、それに中東政策に前のめりのケリー国務長官に対する不満の噴出である。

アメリカのアジア専門家の間には、安倍首相が靖國参拝を通じて「アメリカに怒りのメッセージを送った」との観測が広がった。安倍の参拝は、第1にアメリカが尖閣諸島をめぐって日中両国に同等の責任があるかのような姿勢だったことへの一撃。第2にオバマ政権が中国に対して「防空識別圏の撤回を迫っていない」との不満の表明ではないかというのである（Wall Street Journal）。安倍首相の真意は、第1次安倍政権のとき参拝しなかったことを「痛恨の極み」と公言していたところから、公約の実現を優先したものである。

「力の支配」対「法の支配」

国家基本問題研究所の訪米チームは2014年9月、ワシントンで十数人の研究者たちと相次いで会談し、オバマ政権の対中政策を検討した。アメリカの戦略家たちから聞こえてきたのは、オバマ政権が、①対中戦略を欠き、②バランス・オブ・パワー観が欠如し、③政策に一貫性がない、という厳しいものだった。そのオバマ政権が打ち出すアジア・リバランスは、この年4月の日米首脳会談で同盟関係が立て直されて、やっと軸ができたというのが共通認識だったように思う。

オバマ訪日はこれまでの日米首脳会談とは違う大きな転機となった。日米両首脳がアジア太平洋の安定に対して「新型の大国関係」を退け、「日米が主導的な役割を果たす」ことを表明した。これを確かなものにするのは、安倍晋三政権が閣議決定した集団的自衛権の行使容認と、日米の役割分担を決める日米ガイドラインの策定である。

ワシントンで会った国際政治の専門家の一人、国防大学国家戦略研究所上級研究員トーマス・ハメスは、中国による南、東シナ海での暴力的な振る舞いが、日本、ベトナム、フィリピン、オーストラリア、インドまでも自然に結束させているとみる。彼ら専門家の多くが、中国の拡張主義を阻止するため、日米を軸にアジア太平洋の沿岸国との協調を前提にしていることを強く感じた。

その意味でも、日米首脳会談後にシンガポールで開催された5月の「アジア安全保障会議」は、アジア各国の反応を探るうえで重要だった。開催国シンガポールのリー・シェンロン首相から基調講演を依頼された安倍首相は、参集した各国防衛相の前で、中国の「力による支配」に対し、「法とルール」で立ち向かうことを明確にした。首相の演題「アジアの平和と繁栄よ、永遠なれ」には副題があり、「日本は法の支配のために アジアは法の支配のために 法の支配はわれわれすべてのために」と主張を明確にしていた。安倍首相が口火を切ったことから、中国は各国代表から国際ルールの軽視を問われ、いらだちが高じた中国政府高官は「日本は国際法を自国の法律のようにいう」と口走った。

全体主義国家は往々にして、自分を倒そうとする勢力が増してくると「法の支配」を憎悪し、「制圧」か「妥協」かの2つの道しか考えない。いまの中国は、東シナ海の防空識別圏の一方的な設定や南シナ海での衝突など「制圧」、すなわち「力による現状変更」にカジを切る。力だけで周辺国を威圧すれば、日米を中心に自由陣営を結束させるバネが働くのは自然であろう。中国軍の王冠中《おうかんちゅう》副総参謀長が海洋の紛争で「中国が先に事を起こしたことはない。他者の挑発行為があったから対応措置をとった」と述べると、すかさず鋭い質問が投げかけられた。

「南シナ海で中国が石油掘削をする前に、ベトナムからどのような挑発行為を受けたというのか」

「中国が南シナ海の大半を領有する根拠となる九段線《きゅうだんせん》とは何か。説明すれば誤解も晴れるのではないか」

王は九段線について「２千年以上の前の漢《かん》の時代から中国の管轄下にある。国連海洋法条約は１９９４年に発効したばかりで、遡《さかのぼ》ることはできない」と主張した。中国がベトナムとの係争海域に石油掘削装置を設置した直後、ダニエル・ラッセル米国務次官補は「九段線による権利主張は国際法に抵触する」と撤回か立証を求めた。国際法では無主の地を先に占有する「先占《せんせん》の原則」があり、島や岩礁を先に発見しただけでは編入できない。王が持ち出す論拠は、およそ近代国家を差配《さはい》する軍上層部の発言とは思えなかった。

「力による現状変更」批判かわす

中国の習近平政権が対アジア外交の政策変更を明確にさせたのは、２０１４年11月下旬に北京で8年ぶりに開かれた中央外事工作会議である。ここで重要講話を行った習総書記は、「中華民族の偉大な復興」を軸に「正当な権益を放棄してはならず、決して国の核心的利益を犠牲にしてはならない」と強調した。そのために領有権と海洋権益を擁護して、「中国の物語をしっかり語り、対外宣伝をしっかり行わなければならない」との方針を明示した。

以上が中国中央テレビによる公式報道である。核心的利益を犠牲にせず、かつ対外宣伝を強化せよとは何か。この工作会議を境に、中国の対外行動に変化が表れてくる。これまで見てきたように、２０１４年は日米から「力による現状変更」との批判を受け、これに呼応した東南アジアが結束をみせたことから、軌道修正を迫られていた。この工作会議をへて習政権は、ひたすら静かに事を運び、国際社会が騒ぐ前、ひそかに既成事実化を狙う方向に転換する。オバマ政権とは逆に、「強硬」から「穏健」へのシフトである。

東南アジアの南シナ海沿岸国が、自国の排他的経済水域（ＥＥＺ）で違法操業した中国漁民を拘束、起訴しても、これまでになく抑制的になった。露骨な威嚇《いかく》を抑え、口調も穏やかなものになった。２０１０年に東シナ海の尖閣諸島周辺で起きた中国漁船体当たり事件で、中国が行った日本人の報復拘束やけたたましい抗議と比べ、明らかな違いである。

尖閣諸島の領有を争う日本に対しては、２０１５年が戦後70年の節目であることから、歴史カードで対中批判の動きを封じる。この機会をテコに、日本が「戦後の国際秩序を覆そうと企《たくら》み、日本の敗戦国という地位の変更を企む」との論理で反転攻勢に出た。２月には国連安保理事会の持ち回り議長の地位を利用して、「国際の平和と安全」に関する公開討論会を開催した。副題には「歴史を鑑《かがみ》として」などと日本を原罪意識で金縛りにする常套《じょうとう》句《く》を巧みに織り込んだ。

不平がくすぶる東南アジアに対しては道路、鉄道建設の資金を融資するＡＩＩＢ（アジアインフラ投資銀行）の加盟に誘い込む。この「中華の磁場」に英仏独などヨーロッパ勢まで吸い寄せた。習近平政権はその2年前の秋、シルクロード経済ベルトと海洋シルクロードで構成する「一帯一路」構想を打ち出している。インド政策研究センターのチェラニー教授は、人民解放軍が先導する海洋シルクロードを「シルクロード基金」と「AIIB」が支えることになるとみる。海のシルクロードは、マラッカ海峡からペルシャ湾に至る拠点をつなぐ「真珠の首飾り」戦略とほとんど変わらない。

中国軍国防大学の紀明貴少将は、これらの構想によってアメリカの「アジア回帰」の出鼻をくじくと主張しており、西太平洋からアメリカの排除を目指している。ヨーロッパ勢がAIIBに参加することで米欧分断が進み、中国が戦略的優位に立つことになる。チェラニー教授は猛獣が「獲物を驚かさず、忍び足から一気に突き進む」狩りにたとえた。

この時、中国経済は資本流出が激しく、成長鈍化が先行きの不安を引き起こしていた。まして、イギリスがいう「AIIBの中に入って改革する」などということができるのか。WTO（世界貿易機関）でさえ不公正取引の対中提訴が多く、新貿易交渉のドーハ・ラウンドを潰したのは当の中国であった。AIIBの推進状況は、ますます中国ぬきのTPP（環太平洋戦略的経済連携協定）交渉妥結の重要性を高めていた。チェラニー教授は「民主国家の協調のみが中国の戦略を阻止できる」と声を強めた。

言葉は控えめでもスプラトリー（南沙）諸島の岩礁を分捕り、人工島に造り替えることをやめたわけではない。彼らは「でかい棍棒《こんぼう》を手に持っていれば、穏やかな口調でも言い分は通る」と考えているようだ。これは20世紀初頭のアメリカで、セオドア・ルーズベルト大統領が、欧州諸国が西半球に介入すれば拒否するとの姿勢を示したときの言葉である。

従って、日本とアメリカは、中露という「現状打破勢力」の権威主義国家に対して、「現状維持勢力」としてがっちりと手を握る必要性がある。安倍首相の２０１５年４月訪米の主眼は日米同盟の強化にあり、韓国のメディアによる首相演説で「歴史認識に触れよ」との要求は余計なことであった。新アメリカ安全保障センターのリチャード・フォンテイン会長は米紙で、むしろ「歴史問題はことの本質から目をそらす」と冷静にみていた。フォンテインは、安倍首相の議会演説を「アジアの安全保障や日本の指導力についてのビジョンを打ち出す好機」ととらえ、「歴史をつくる機会とすべきである」と結んでいた（Wall Street Journal, March 31, 2015）。

ここまで〈予測年表〉と〈歴史年表〉で中国の強大化のあゆみをみてきたが、では日本は、米中のはざまで今後何をなすべきか。章を改めて論じたい。

第3部〈日本への処方箋〉

わが国はどうすればよいか

（本章で触れる、日本のとるべき施策）

① 専守防衛から積極防衛への転換
② 「自由で開かれたインド太平洋戦略」で米国と対中圧力を
③ WTO体制の改革強化
④ 北朝鮮との手打ちと在韓米軍撤退（最前線化）への備え
⑤ 日米印豪の4カ国安全保障対話からアジア海洋安保枠組み協定
⑥ TPP11の推進と拡大
⑦ アメリカに「アクト・ウエスト」を求める
⑧ 中国、北朝鮮の戦力に関する脅威認識を啓発

第７章　インド太平洋の覇者を封じる

アメリカが秩序を壊すのか

２０１７年1月に就任したドナルド・トランプ新大統領のアメリカ第一主義は単独主義、孤立主義に結びつき、経済面では保護主義が台頭してくる。就任演説では、中国を想定して「外国が私たちの企業を奪い、雇用を壊す」と第一の標的にした。その手段として、中国製品に高関税をかけ、為替《かわせ》操作国に指定することが視野に入ってくる。そして、「他国がアメリカをしのぐ軍事力を持つことは許さない」と軍備増強を語った。

困ったことに、関税の大幅引き上げや輸入制限は、ＷＴＯ（世界貿易機関）のルールを破壊する。多くのエコノミストは、大統領が選挙公約に掲げたすべての対中政策を実施すると、下降気味の中国経済がハードランディングを起こすと予測した。しかも、オバマ前政権が太平洋地域の12カ国で合意したＴＰＰ（環太平洋戦略的経済連携協定）からの離脱を決定し、政策の継続性を遮断した。ＴＰＰが元来の貿易自由化のほかに、中国の拡張主義を封じる効用もあるだけに、アメリカ自らが、中国に救いの手を差し伸べてしまった。大統領がレーガン大統領をまねて「偉大なアメリカの復活」を叫んでも、国際協調主義の共和党主流派と見解が対立する。後に解任されるティラーソン国務長官はＴＰＰに賛成だったし、マティス国防長官はロシアへの警戒を緩めない。彼らとの意思疎通を欠いたまま、大統領が独断専行すれば、政権内の混乱を招くことになるのは目に見えていた。

かつて、「ミズーリの田舎者」といわれたトルーマン大統領が、「冷戦の戦士」に脱皮できたのは、彼を取り巻くワイズメン（賢人たち）といわれた閣僚が支えたからである。トランプ政権が迷走するか否かは、彼に聞く耳があるかどうかにかかる。しかし、「取引の天才」を自任するトランプは、理念や原則が欠落している分だけ方針を転換するのも早い。

大統領選中には「日韓が核武装すべきだ」と述べ、後に「核保有の奨励ではない」と修正している。続く安倍首相との電話会談では、一転して「日米の特別な関係をさらに強化する」と述べた。それが彼の学習能力なのか、あるいはトルーマン大統領のようにワイズメンに任せるひそみに倣《なら》ったか。その答えは、イエスとノーのまだら模様である。

マティス国防長官の日韓訪問は、その「最初の試金石《しきんせき》になる」とトランプ・ウオッチャーは考えていた。興味深いことに、マティス長官はトランプ大統領が繰り返し非難したアメリカ軍駐留経費について自らは語らず、記者に聞かれて「日本がモデル」と、逆にその貢献度を評価した。むしろ中国に対する抑止を狙って、尖閣諸島は日本防衛義務を定めた「日米安保条約第5条の適用範囲」であることを明言した。マティス長官が日米同盟の劣化を防ぎ、同盟国の重要性について、大統領に対して身をもってアピールしていた。

フランケンシュタインが目覚めた

かつて、ヘンリー・キッシンジャー大統領補佐官が中国との国交樹立に動き始めたとき、自分の生きているうちに中国がアメリカを凌《しの》ぐほど強大になるとは考えていなかった。彼は1971年、ニクソン大統領の密使として訪中し、米中和解を演出した。当時、アメリカ最大の敵はソ連の共産主義であり、中国はそのソ連を封じ込める戦略カードに過ぎなかった。その中国経済が、いまや年7％近い成長を続けており、2030年前後にはアメリカを抜いて世界一の超大国になるとの予測さえある。自己中心的な中国のことだから、傲《ごう》慢《まん》にもなるはずである。アジアの地域覇権を狙う中国に対して、トランプ外交は右往左往して進路が定まらなかった。トランプ政権がTPPなど多国間協議から撤退するタイミングで、習近平政権は「一帯一路」構想を受け皿に、西に向けて勢力圏の拡大を目指す。まるで、隆盛を誇った古代中国の華夷《かい》秩序への誘いのように、陸と海のシルクロードをアジアからヨーロッパへと伸ばしていた。

トランプ大統領のアジア歴訪に先立つ2017年10月、ワシントンは現実主義外交の老《ろう》泰斗《たいと》、あのキッシンジャーをホワイトハウスに招き、秘密裏に対抗策を練《ね》った。彼が仕えた当時のニクソン大統領が、スピーチライターのウィリアム・サファイアに「私たちはフランケンシュタインをつくってしまったのかもしれない」と述懐したように、中国がとんでもない怪物に増殖してしまったからである。その中国は、核保有を目指す北朝鮮に対して生命線となる経済を握っている。米誌ニューズウィークはこの秘密会議で、ニクソン時代の米中国交樹立交渉に匹敵《ひってき》する大胆な交渉術を練り上げた可能性を伝えていた。北朝鮮が核プログラムを放棄する代わりに、経済支援、外交的な承認、在韓米軍の2万9千人の削減に同意する破格の譲歩だという（Newsweek, October 16, 2017）。

米中首脳がそんな密約でもすれば、核開発の棚上げという北の虚偽によって、経済援助だけをむしり取られる過去の過ちと同じ道をたどりかねない。果たして、トランプ大統領のアジア歴訪が終わった直後の15日、中国要人の平壌入りが伝えられた。おそらくこれが、2018年春以降に急展開する「米朝接近」への最初のアクションだったろう。4月には、アメリカ中央情報局（CIA）のマイク・ポンペオ長官が、大統領の密使としてひそかに平壌を訪問した。朝鮮半島の非核化への金正恩《キムジョンウン》委員長の決意を探り、その段取りを協議するためである。安易な交渉で第二のフランケンシュタインをつくらないよう祈るばかりだ。

金王朝は「落日の輝き」

事態は素早く展開する。核をもった貧困国家の金正恩労働党委員長は2018年6月12日、世界の盟主、アメリカのトランプ大統領とシンガポールで米朝首脳会談をするところまで持ち込んだ。祖父と父がなしえなかった見果てぬ夢の実現である。たとえ、それが脅された末の妥協だったにせよ、皮肉にも核兵器が政治的には機能することを実証してみせた。

これより6カ月ほど前までの半島情勢を考えると、第2次朝鮮戦争への階段を登っていく緊張感がウソのようだ。詐術《さじゅつ》に長《た》けた北朝鮮の外政家は、平和攻勢に転じるきっかけを平昌《ピョンチャン》冬季オリンピックに照準を合わせ、強硬姿勢をあっさり棚上げした。今にも対米戦争を仕掛けるような「強硬度」を一気に下げると、その分だけ周辺国の「安心度」が急騰する。金《キム》王朝三代目の笑顔がはじけ、肖像画の悪魔が、あたかも平和を運ぶ天使に差し替わったかのようだ。米朝のダイナミックな展開に、長く宗主国のような顔をしていた中国は、三代目の素早い動きに驚天動地の思いだろう。習近平国家主席の望みはただ一つ、人民を「中華民族の夢」へと導き、アメリカを凌駕《りょうが》する「現代化強国」を築くことに尽きる。したがって、アメリカという戦略的競争相手と向かい合うためにも、何かと厄介な北朝鮮には、安定したバッファーゾーン（緩衝地帯）であってほしい。そのためには、米朝首脳会談の決裂を防ぎ、アメリカを欺《あざむ》き、日本を経済支援にどう巻き込むかに思案をめぐらす。

バッファーとしての北朝鮮なら、核を持つ必要もないし、韓国主導で南北統一もすることなく現状のまま安定していることが中国には好ましい。生かさず殺さず、この70年以上にわたって、中国はバッファー状態の恩恵を受けてきたのだ。習政権にとっては対米カードの一枚に過ぎない北が、こともあろうに核を開発し、長距離ミサイルを持ち、ついにはアメリカの強硬姿勢を招いた。第２次朝鮮戦争が勃発《ぼっぱつ》でもすれば、難民が押し寄せるだけでなく、北にアメリカ軍が介入して核施設が押さえられてしまう。北が崩壊すればそのままアメリカ軍が駐留して、中国の安全が脅《おびや》かされる悪夢が現実化する。

外交の世界は、健全な精神が健全な国家に宿るとは限らない。国益が最優先の中国のような国は、ぞんがい健康なのである。名コラムニストの山本夏彦流にいうと、だから健康というものはイヤなものなのだ。かくて中国は、自国の安全保障のために抑圧的な金王朝の生存を認める守護神であり続けた。その結果、北の民は飢えと抑圧に苦しみ、権力をむさぼる金王朝は代替わりしても連綿《れんめん》と生き続けてきたのである。

東アジアの現状は、シッポが犬の体を振り回すように、わずか２５００万人の弱小国が米中２つの大国を振り回している。とはいえ、金正恩の仮面の下は、不安とそれを隠す狡《こう》猾《かつ》さと、先行きの戦術で頭がいっぱいだったはずだ。どのようなレトリックを使って、なお王朝を存続させることができるか。アメリカと同盟国の対北経済制裁を減らし、かつ、核計画を秘密裏に保有し続けることを狙う。そのために、首脳会談までの期間に時折、悪魔の素顔をのぞかせていた。開催が危ぶまれるか否かで、関係国をハラハラさせる手もある。これまで、アメリカをダマしては約束を破ってきた核合意を振り返り、韓国との南北首脳会談で掲げた「朝鮮半島の非核化」をどうごまかせるかの知恵を絞った。なにしろ相手のアメリカは、最強硬派の国務長官と大統領補佐官がにらみを利かせているからだ。

　この狂暴で冷血な北の三代目が、何ゆえに歩み寄る気になったかを確認することは難しい。だが、保守強硬派のポンペオ長官とボルトン補佐官が政権入りして、北への軍事圧力が倍加したのは間違いない。しかも、経済制裁によって北の対外貿易は半減しているとの情報もあり、金王朝体制は確実に追い込まれている。そしてトランプ大統領は、米韓自由貿易協定（ＦＴＡ）の交渉に際して、突然に「在韓米軍の撤退もありうる」ことを語り、側近からも次々にリークされた。北の三代目は、これをチャンスと見た可能性が高い(National Interest, May 11, 2018)。

飛び込んできた対米カード

首脳会談に結びつくアメリカと北の接触は、ポンペオ長官の平壌訪問という電撃的な秘密外交にあった。だが、米朝会談が習近平主席の頭越しで行われては、中国のメンツが立たない。三代目の金正恩委員長が北の権力を握って以降、中国が北京訪問を促《うなが》しても6年以上にわたり拒否してきた。こちらも得意の水面下のやり取りから、三代目がついに列車で20時間をかけて北京にやってきた。三代目の側に、アメリカとの関係で中国の後ろ盾が必要になったと考えるのが自然だろう。中朝首脳会談へ向かうための列車には、途中から中国要人が乗り込んできた。それが彼の身の安全を保障することになるからである。三代目はこれまで、中国と通じた叔父を処刑し、中国がフロントマンとして期待した義兄を暗殺したことから、アメリカばかりか、中国でさえ爆殺を仕掛けないとも限らない。この後のシンガポール会談に向けても、中国の特別機を活用する保険まで探って実行した。

懐《ふところ》に飛び込んできた三代目を、習近平主席が最大限にもてなした。中国のメンツ回復への喜びと同時に、再び対米カードが転がり込んできたからだ。カードの使い方によっては、中国が長年求めていた半島からの在韓米軍撤退への引き金となる。米韓北によって先行された朝鮮半島の地政学的変化への主導権を、ここで奪還することも不可能ではない（National

Interest, May 8, 2018)。その2カ月後にはポンペオ長官の二度目の平壌入りに先駆けて、三代目があわてて航空機で大連に飛んだ。習近平主席とこちらも二度目の会談をしたところから、様々な憶測を呼んだ。米朝首脳会談に向けた非核化プロセスの段取りと追加支援か、あるいは会談場所へのアクセスの保証を依頼したとも考えられた。いずれにしても、素早く北京、大連に駆け寄る姿から、彼の不安定な心理状態をさぐるには十分だろう。

金正恩の頭には、相次いで殺害されたイラクのフセイン大統領、リビアのカダフィ大佐らの独裁者、そして国際テロ組織アルカーイダを率いたビンラディンらの末路が浮かんで沈思黙考の日々であっただろう。核兵器を持たない過去の暴君たちに何が起こったかを考えると、核の放棄につながる妥協は身を滅ぼしはしないか。ポンペオ長官のいう非核化は「完全かつ検証可能で不可逆的」なものであり、果たしてこれが、本当に「体制保証」につながるのか。頑迷な独裁者が、いくらかの譲歩の意思を示しはじめるときは、主に政治犯の釈放がその前触れになる。冷戦期のソ連も、イラクのフセイン大統領も、最近ではミャンマーでも、政治犯の解放によって「譲歩の意思あり」と外部世界に認識された。北朝鮮で3人のアメリカ人を解放したのは、金正恩その人であった。

一党独裁による「全体主義の生き残り法」は、むしろ中国が先輩格である。習近平主席は中国の成功例を「チャイナ・モデル」として三代目に伝授することができると考えていよう。中国自身が、愛国主義をあおり、国家の敵をスケープゴートにして緊張を高め、13億人の一体化に成功している。次に描くのが、経済発展への道であり、やがて未来に向けた「中華民族の夢」へと誘う。習主席はすでに２０１７年10月、中国共産党大会の３時間20分超におよぶ大演説で、「人類の問題の解決のために中国の知恵、中国の案を出していく」と対外関与を宣言していた。シンガポールの米中首脳会談前に、北の高官らが空路、北京入りして中国側と経済協力を協議したのも、その延長上にあると考えられる。北の「非核化」を受けた経済制裁の緩和を念頭に、訪中団に中国式の改革開放を促していた。

そういえば、北の労働新聞が、安倍政権が対北圧力を維持している姿を「下心を捨てない限り、１億年たっても神聖な地を踏めない」と揶揄《やゆ》したのも、例の「国家の敵をスケープゴートに緊張を高める」たぐいの姑息《こそく》なやり方である。北朝鮮をめぐる関係国を見渡して、資金提供できるのは文字通り下心を持つ中国を除けば、日本ぐらいしかない。安倍政権は疑似餌《ぎじえ》のルアーに食いついてくる魚を待って、じっくり取り組めばよい。拉致問題が解決を見ない限り、戦後補償なるものはあり得ない。

米朝会談でほくそ笑む中国

トランプ大統領が北朝鮮の独裁者、金正恩労働党委員長と握手したシンガポール会談は、のちにどんな歴史の審判を受けるだろうか。近代史上、有名な「ミュンヘン会談」は、目先のことしか考えずにナチスと妥協した結果、かえって第2次大戦を誘引し、宥和《ゆうわ》政策の失敗の代名詞になった。劇場型の指導者たちが、互いを「勝者」とたたえ合う光景は、世界に大きな安堵《あんど》をもたらすが、遅れてそれ以上の疑念が追いかけてきた。

米朝が事前調整で合意できたのは、北朝鮮に対する「安全の保証」と「朝鮮半島の非核化」の曖昧《あいまい》な目標だけで、これらの具体策はすべて先送りされた。首脳会談を決定づけるのは、その細部であって口約束ではない。肝心の非核化については、北の三代目が「朝鮮半島の非核化を完結するための固く揺るぎない約束を再確認した」として、文字通りこれまで繰り返してきた主張を「再確認」している。ポンペオ長官が繰り返し述べていた「完全かつ検証可能で不可逆的な非核化」（CVID）の形跡などどこにもない。

「半島の非核化」は、北が1992年1月に署名した共同宣言にも、1994年10月の米朝枠組み合意、さらに2005年9月の6カ国協議の共同声明にもあった。アメリカの中国専門家、ゴードン・チャンにいわせると「古い言葉を新しい約束にリサイクルしただけ」ということになる（National Interest）。トランプ大統領はシンガポール会談の直前に、北が核兵器を手放すかは「最初の1分で分かる」と、自信ありげに答えていた。そして会談後に受けたアメリカABCテレビのインタビューで、「私は彼（正恩）が非核化を成し遂げたいと考えていると信じている」との期待感を述べた。だが続いて、「1年後に『私は間違っていた』ということだって、あるかもしれない」と、危険な賭けであると自覚していた。

あの１９３８年9月のミュンヘン会談でも、のちの首相、チャーチルは「哀れなチェンバレンはヒトラーのことを信用できると考えていた」と批判的に語っている。ミュンヘン会談は、ドイツの独裁者、ヒトラーを相手に、イギリスのチェンバレン首相はじめ、ムッソリーニ、ダラディエの四首脳で会談を開き、チェコスロバキアのズデーデン地方をドイツに帰属させることに決定した。チェンバレンは傘を振り回しながら、「戦争は回避された」と帰国し、ロンドンでは群衆に迎えられた。ところが、ヒトラーはまもなく、怒濤《どとう》の進撃でチェコ全土を占領してしまった。

かくて、会談後の記者会見で具体性の欠如を指摘されたトランプが、「時間がなかった」とつい本音を吐いてしまった。彼が批判してやまない歴代政権が陥《おちい》ったと同じ「無期限の交渉プロセスに着手することになった」のではないか。時間がなかったのなら、事前の交渉段階で踏んだ「首脳会談中止」のブレーキをそのまま踏み続けるべきであった。

11月6日には中間選挙があり、２０２０年11月には大統領選挙がある。首脳会談を受けて早速、交渉入りしたポンペオ長官は、共同声明にある「完全な非核化」について、「２年半以内に実現できると見込んでいる」と語っている。共同声明が「北朝鮮の非核化」でなく「朝鮮半島の非核化」であっても、合意しておけば選挙前にミサイル搬出が実現される可能性がある。その見返りとして、トランプ大統領は「安全の保証」を約束した。北の三代目が繰り返し要求してきた宿願の「体制の保証」まで至っていないのがミソだが、とりあえずアメリカによる軍事オプションは遠のいたといえる。これにより三代目は、彼がもっとも恐れていたアメリカ軍による斬首作戦の悪夢から解放されたことになる。

北の三代目は、交渉を有利に進めるために核実験場の爆破と称して砂煙をあげ、米朝会談では、主要なミサイル・エンジン実験施設の解体を約束した。もはや重要でない核・ミサイルの使い捨ての施設や実験場を差し出したということであろう。これに対してトランプは記者会見で、安易にも「米韓合同軍事演習の中止」を明言し、「在韓米軍の撤退」にまで言及して国防関係者を驚かせた。

三代目はゴルバチョフではない

北の獲得した「安全の保証」は、北が対米緩衝地帯であってほしい中国にとっても利益になる。同時に、米韓合同軍事演習の停止や在韓米軍の撤退は、中国が長年求めてきた戦略目標であり、北の三代目が有用な対米カードになったことを立証した。二度の訪中で回復した中朝関係で、中国による対北経済制裁は、なし崩し的に解消されるだろう。米朝首脳会談の勝者は、後ろ盾となって三代目に航空機を貸し出した中国であった。三代目はシンガポール会談後も、報告のために訪中して中国の支援を求めており、わずか3カ月で三度目の訪問となった。中国は最小の外交努力で、北朝鮮の〝属国化〟という最大の利益を獲得しつつある。

だが、歴史的な首脳会談は、時として国際政治の流れを変える決定的なメッセージを送り出すことがある。１９７２年に北京で開かれた米中接近は、ニクソン米大統領が訪中して中国の毛沢東主席と首脳会談し、米中対立の終わりを告げた。劇的な成果はすぐには表れなかったが、74年にニクソンが辞任し、76年に毛沢東が死去すると、米中の国交回復が成立していく。では、米朝首脳会談で先送りされた両者の高官協議は、決裂を避けて「半島の非核化」という首脳会談のメッセージが生かされるのだろうか。アメリカは実質交渉となる高官協議で、核ミサイルの廃棄を意味するＣＶＩＤを具体化しようとする。このときの見返りが、日本からの過去の清算資金であることは明らかだ

これに対して北が、共同声明の独自解釈である「段階的、同時行動原則」を持ち出し、在韓米軍の撤退や在日米軍にまで踏み込めば、交渉は再び頓挫する。核に対しては、核でしか抑止できないように、北の瀬戸際外交に対してはトランプ流の瀬戸際外交でしか阻止できないだろう。金王朝を死守する金正恩は、ソ連で改革と情報公開を推進したソ連のゴ

ルバチョフではないからだ。なお、2018年8月に成立した国防権限法は、在韓米軍を2万5千人を下回らない規模で維持することを義務付けた。トランプが繰り返し規模縮小の可能性に言及していたが、ギリギリで踏みとどまった。

皇帝と賓客の化かし合い

ここで時計の針を8カ月前に遡《さかのぼ》って振り返ってみよう。トランプ大統領が訪中した北京では、まるで戴冠式を終えたばかりの中国皇帝が、はるばるやってきた賓客《ひんきゃく》から祝賀を受ける儀式のようだった。習近平主席は2017年10月の中国共産党大会で、共産主義国家樹立から100年目の2049年までに「中華民族は世界の諸民族の中に聳《そび》え立つ」と宣言したばかりだ。習主席はその共産党大会の勢いそのままに、11月には北京にアメリカのトランプ大統領を迎えていた。習主席が、歴代の皇帝が住んだ紫禁城《しきんじょう》（故宮博物館）にトランプ大統領を迎えて、うやうやしく接見した構図である。習は紫禁城の太和殿《たいわでん》、中和殿、保和殿《ほわでん》に大統領を案内して両者の「和」を演出し、肩を並べて限りなく同等であることを装った。記者会見でも「太平洋には中国とアメリカを受け入れる十分な空間がある」などと、年来のスローガンを少し変えて「新型の国際関係」を内外に誇示した。

これまで米中関係を表す「新型の大国関係」をアメリカに持ち掛けたものの、オバマ政権末期には無視されたことから、表現を改めてきたのであろう。

もっとも中国の交渉術は、人民が裸足《はだし》で歩き回る程度の国力しかなくとも、見栄を張って対等であることを貫こうとしてきた。米中が初めて秘密接触した１９７１年7月、当時の周恩来首相はキッシンジャー大統領補佐官との最初の会談で、冒頭から「最初の問題は両国が対等であることです。相互性の原則です」と機先を制した。まして、「太平洋を二分する勢力圏」を主張する習政権においては、中身が伴えばもはやなんの遠慮もない。

中国外交には、「敵を従属の立場に引き込む」という得意の交渉術がある。特定の政治指導者と関係を結んだ方がトクと判断すると、名所の見物や豪華な晩餐会《ばんさんかい》に招き、交渉ごとは迂回《うかい》してほとんど触れようとしない。まずは、個人的関係ができてはじめて影響を与えられるとの判断だ（CIA報告書・産経新聞外信部訳『CIA秘密研究　中国人の交渉術』文藝春秋、41～42頁）。この手法は、中国人民解放軍の「誘敵深入」の戦術に似ている。敵を深く誘い入れ、包囲のうえで殲滅《せんめつ》する毛沢東戦術の外交版である。武器の代わりになるのが、巧みな接待攻勢である。トランプは誰よりも敬意を払われるのが好きだし、習とは「ウマが合う」と褒めちぎる。トランプは習が対等とみられたいと考えていることを知りつつ調子を合わせ、経済的譲歩と対北圧力の強化を狙う。

もう1つ、中国の交渉術には「儀礼は内容と不可分である」という決まり手がある。トランプへの最大級の儀礼的なもてなしをした以上、決して手ぶらでは帰らせない。だから、習は東の賓客に下賜《かし》する土産物として、計2500億ドル（約28兆円）にのぼる巨額の商談をまとめたのである。もっとも中国人は、「誰が誰を必要とするか」という点にこだわる。頼みごとをしてきたアメリカに、中国の皇帝が施《ほどこ》しを与えるという形をとりたがるのだ。他人に頼まれるという設定が、交渉では心理的優位に立てるとの判断だ。習はトランプが多額の貿易赤字にいら立っていることを熟知していた（前掲CIA報告書、43～44頁）。

求めに応じたことを明示するためにも、習はトランプの目の前で、東西のビジネス・リーダーが恭《うやうや》しく契約のサインを交換するセレモニーが欠かせなかった。トランプの「アメリカ第一主義」を満足させるためである。中国が諸民族の中に聳え立つようになるまではアメリカに恩を着せ、その投資力を利用する意図がありありだった。トランプはこの大型商談が、実は年来の対中赤字の解消になるとまでは考えない。まして、大仰《おおぎょう》なセレモニーが拘束力のない合意であって、契約でないことも承知のはずだ。それでも、アメリカ国内向けにトランプ政権の「取引外交」の華々しさを宣伝できるとみたのだろう。

肝心の核・ミサイルをめぐる北朝鮮への対処では、互いの原則を言い合っただけだった。習は朝鮮半島の非核化に力を尽くすというだけで、北の金正恩政権に警告を発することもしない。習が応じた「圧力への努力」とは、国連安全保障理事会の制裁決議の実行という原則を繰り返しているにすぎない。

中国の交渉術でもう一つ際立つのは、「原則」に対する異常なほどの執着である。むしろ、交渉相手との対立点を明確にして、原則を曲げないリーダーとして他国に印象づける。国連決議の実行は、中国のような常任理事国なら当たり前のことなのに、国連のお墨付きを何度でも繰り返す。北の核開発阻止に動く日米はもちろん、EU（欧州連合）も独自制裁に踏み切っている。中国は石油禁輸など効果的な制裁が可能だが、例の「原則」からは一歩も出ていない。トランプはこのときのアジア歴訪を通じて、北朝鮮に「最大限の圧力」をかけることを確認している。北京入りしてからも「中国が真剣に取り組めば、問題は解決できる」と期待を語り、韓国議会では「北という監獄国家」と金正恩の非道さを発信していた。習が北に対する経済圧力をどのくらい強めるのか、それによって紫禁城でみせた2人の親密さが見かけだけであったかの真贋《しんがん》が分かる。

さて、米中間で結んだ28兆円に上る商談の威力はどうだったのだろう。それまでのトランプ大統領は、米中貿易不均衡は中国による「為替操作」によるものと批判してきた。ところが、この商談成立後は、貿易の不均衡は、むしろこれまでのアメリカ歴代政権の失策によるものだと矛先を変えていた。中国の腹黒さが分かっていながら、一定の譲歩には、一応の理解を示している。中国からみると、「商をもって政を包囲する」ケースの典型と受け取ったであろう。

なぜ対立の序章なのか

トランプ大統領が習主席の全能ぶりを褒めちぎるのは異様であった。思い切り称賛したうえで、強大な権限を集中した習主席なら、朝鮮半島の危機を「容易に解決できる」とクギを刺した。中国要人の平壌入りが可能になった以上、そうしたレトリックの背後で米中の「取引外交」が進んでいた可能性は否定できない。中国共産党の大物特使、宋濤《そうとう》中央対外連絡部長の北朝鮮訪問が、共産党大会後の儀礼的な訪問だとしても、北が受け入れた以上、人質状態のアメリカ人３人の解放交渉や核・ミサイル問題を協議したことだろう。

キッシンジャーが米紙に書いた論考でも、米中が半島の非核化に合意した上で、北の体制をどうすべきかを了解する必要があると述べていた（Wall Street Journal, August 11, 2017）。ニューズウィークが示唆した取引（本書２２４頁）が事実だとして、朝鮮半島の平和それ自体は日本にとっても歓迎すべきものだ。しかし、そこには危険なワナが仕掛けられてはいないか。中長期でみると、アメリカが習政権のいう「新型の大国関係」に乗ることになり、中国が優位に立つことになる。

ところが、どうみても不自然な大統領による賛辞のウラで、実はトランプ政権が冷静に督促の布石を打っていたことがやがて明らかになる。アメリカはこの間に、３つの空母打撃群を西太平洋に展開させて、北朝鮮とその背後にいる中国にニラミを利かせていたのは周知の通りだ。ワシントンではさらに、冷戦終結してからは使われなくなった貿易上の対抗措置を着々と準備していたのである。

米コラムニストのアンドリュー・ブラウンによれば、中国の鉄鋼、アルミニウムの不当《ふとう》廉売《れんばい》（ダンピング）への対抗策として、国家安全保障上の懸念を持ち出す手をひそかに打っていた。中国が略奪的な産業政策をやめる気配はなく、貿易の違反行為に対するＷＴＯ（世界貿易機関）の勧告を無視して恥じるところがない。ブラウンによれば、ワシントンではこのときすでに、北京での友好的な米中首脳会談が、実は「対立の序章として扱われる」とみていた（Wall Street Journal, November 14, 2017）。序章があれば、間もなく本章にたどり着く。あとはワシントンが貿易戦争を仕掛けるタイミングがいつになるかであった。

彼の見通しの正しさが立証されるのは、トランプ政権による翌年の鉄鋼、アルミに対する高関税の輸入制限となって噴出したときまで待たねばならなかった。トランプ大統領は3月8日、ほとんど使われていなかった１９６２年の法律を持ち出して鉄鋼に25％、アルミニウムに10％の関税を課すと言明した。表面上の理由は国家安全保障である。

安全保障が理由ならこの程度の高関税でも足らないはずだが、トランプは大統領に就任する前から、巨額の対米貿易黒字を計上していた中国に、本能的な不満を抱いていた。２０１７年12月に発表されたトランプ大統領の国家安全保障戦略では、「毎年、中国などの競合国が数千億ドル相当のアメリカの知的財産を盗んでいる」と断定していた。

もっとも、中国がアメリカに輸出する鉄鋼は既存の関税のためにごくわずかであり、アルミニウムではアメリカの輸入の11％にとどまり、カナダをはるかに下回っている。中国の生産が国際価格を押し下げ、輸出先の市場から競合国の製品を追い出しており、そうして追い出された国がアメリカに出荷しているという構図だ。そうなると、トランプの関税で痛手を受けるのは中国ではなく、規則を守っている日本、カナダ、ＥＵ（欧州連合）という妙なことになってしまう。アメリカは中国の逸脱行為のせいで、戦略上の同盟国との貿易戦争寸前まで押しこまれてしまった稚拙《ちせつ》さであった。ゲーリー・コーンＮＥＣ（国家経済会議）委員長が辞任の意向を表明したのも故《ゆえ》なしとしない。国際ルールを無視する中国を抑えるには、同盟国との協調が欠かせない。まして、同盟国をむやみに痛めつけるやり方は、いかにも安易で粗雑な政策である。

二つの海の交わり

さて、米中相互牽制《けんせい》の場は、北京の米中首脳会談の直後（同月）、ベトナム中部ダナンで開催されたAPEC（アジア太平洋経済協力会議）の関連会合に移された。中国の習近平主席が「一帯一路」構想の実利で磁場を広げるのに対して、巻き返しを狙うトランプ大統領が、「インド太平洋戦略」を掲げて火花を散らした。それはまさしく、誰がインド太平洋の覇者になるかの争いであった。とくに、「TPP離脱」でアジアへの関与が疑われたトランプ大統領は、初めてこの「インド太平洋」という地政学的概念を多用し、経済を語りながら安全保障に関与することを強く参加国に意識させた。トランプは「自由で開かれたインド太平洋というビジョンを共有できるのは誇りである」と、アジアに関与し続ける姿勢を明らかにした。この枠組みの中で、法の支配、個人の権利、航行の自由という三原則を示し、中国による地域覇権の野望を打ち砕く意思にみえた。

もともとこの地政学的な概念は、安倍首相が2007年にインド議会で、インド洋と西太平洋を指して「二つの海の交わり」と演説し、〝軍拡病〟が治らない中国を牽制するものであった。実は、この概念が論じられたのはずっと古く、17世紀ムガール帝国の王子、ダラ・シーコからである。インド洋と西太平洋は、インド、マレー、中国、日本の商人たちによって、インドと中国を交易で結びつける一つの海であった。18世紀にイギリスで産業革命がおこると、植民地主義の時代を経て、まさに最初の「誰がインド太平洋の覇者になるか」の争奪が起きたのだ。

中国を海洋覇権の奪取へ導いたのは、２００３年に当時の胡錦濤主席が言及していた「マラッカ・ジレンマ」の恐怖であった。これはアメリカとその同盟国が、インド太平洋を航行する中国の通商ルートの脆弱性《ぜいじゃくせい》につけ込み、マラッカ海峡を遮断されるかもしれないとの警戒感である。この不安から逃れるため中国は、ミャンマー、スリランカ、パキスタン、ジブチの主要港をつなぐ「真珠の首飾り」戦略に投資してきた。経済力が軍事力を押し上げ、総合国力の過剰な自信が地域覇権へと導くことになった（South China Morning Post.com, November 2, 2017）。近年は、国力を伸ばすための全体主義が、国内の勢いのままに「アジアの覇者」へ名乗りを上げたかのようだ。戦後世界が民主主義の時代になっても、中国の思考パターンは19世紀の権力政治の発想から少しも抜け出ていない。国防費はＧＤＰを上回る伸び率で、いまだ〝軍拡病〟は治らない。２０１８年予算の国防費は、前年実績比で８・１％増となり、４年ぶりに伸び率が拡大した。国家主席の「任期２期」を撤廃した習近平は、その独裁体制を確立して強軍路線を鮮明にしたのだ。

いくら習がダナンで、日中首脳会談に関して「日中関係の新たなスタートとなる会談」と微笑外交に転じても、諸民族の中に聳え立つという中長期の「２０４９年戦略」は変わらない。習主席が日米首脳会談後の記者会見で、「太平洋を二分する勢力圏」の分捕りをトランプ大統領の前で公然と主張し、軍事拡大はなおも続けるとの意思を示した。戦後の国際秩序は、巨大な軍事力を背景にアメリカの圧倒的な影響力によって確立された。それを熟知する習政権が、戦後システムを力で覆《くつがえ》そうとする方向は変わりようがない。

20年にわたる中国軍近代化の計画は続き、その軍事力は日本の3・5倍にのぼり、ロシアの軍事費の2倍にあたる。中国はさらに軍備を増強しながら「力による現状変更」を推進するだろう。西太平洋からアメリカ軍を追い出すA2／AD（接近阻止・領域拒否）という策略を追求し、軍備拡張の進軍ラッパはなお響く。逆に、日本の社会保障費は中国の軍事費の2倍にあたるが、民主主義ではない中国は、その富を国民の福祉に使わず、軍備拡張に遠慮なく投入した。

従って、王毅外相はことあるごとに、人々の関心を外に振り向けようとする。2017年を日本政府が「日中国交正常化から45年」とすれば、「盧溝橋《ろこうきょう》事件から80年」と打ち返して日本への怨念《おんねん》を甦《よみがえ》らせてきた。

2012年に中国が「海洋強国」を掲げて以降は、強大な軍事力を背景に膨張主義の野心すら隠すこともなくなった。だが、このまま中国の一方的な膨張を許せば、戦後秩序の崩壊が現実化する。そこで安倍首相は、これ以上の無法な膨張を抑止するため、ダラ・シ ーコの「インド太平洋」という戦略的枠組みを甦らせたのである。

同じ2012年12月に発足した第2次安倍政権の「地球儀を俯瞰《ふかん》する外交」の要諦は、

その東シナ海や南シナ海で膨張主義をとる中国を封じつつ、いかに抑止力を構築するかにあった。それは近くの中国を牽制しながら、遠い国々と協調する「遠交近攻」外交と呼ぶにふさわしい。安倍政権は中国との国境線を持つインド、ロシアと協調して、できる限り中国が海洋に出にくい仕組みをつくろうとしている。

安倍首相にとって日米同盟は、建築物でいえば土台にあたる。しかも、その堅い土台がトランプ政権の誕生で揺らぐことがあれば、どうしても補強する必要が出てくる。耐震性を高めるためにアジアの海洋国家群と協調し、ユーラシアの大陸国家群を分断して中国を抑制しなければならない。

中国は、南シナ海の軍事拠点化を進め、徐々に軍事的なリスクを高めている。2015年9月に訪米した習近平主席はオバマ大統領に「南シナ海を軍事拠点化することはない」と約束しながら、それを平然と破った。とくにウッディ島（永興島《えいこうとう》）の2700メートルの滑走路は、中国の大半の戦闘機が運用可能である。中国は、高圧的な行動への反発を抑えるべく、海上シルクロード構想とＡＩＩＢ（アジアインフラ投資銀行）の資金により、東南アジアの懐柔《かいじゅう》を始めたことはすでに書いた。これらの構想は中国の経済目標を達成するためだけでなく、国家目標を実現するための効果的な〝偽装〟である。その意味でも、トランプ大統領が中国の意図を崩すＴＰＰを葬ろうとしたのは戦略的な誤りであった。先のベトナム・ダナンＡＰＥＣでのトランプ演説が精彩を欠いたのは、「インド太平洋」ビジョンへの結束を呼びかけながら、ＴＰＰに代わる経済の多国間ビジョンがないまま二国間協定にこだわり続けたからである。トランプが「オズの魔法使い」の主人公ドロシーのせりふを引いて、習政権の「一帯一路」構想を皮肉り、「世界には多くの場所や多くの夢、そして多くの道路がある」と述べても、まばらな拍手しか受けなかった。

コラムニストのブラウンが指摘するように、大統領は東南アジア諸国を味方につける必要があるのに、その機会を逸していた。逆に習近平は、演説で「人類運命共同体の構築」を謳《うた》い上げ、万雷のスタンディング・オベーションを浴びていた。繰り返すが、彼のいう運命共同体とは、「一帯一路」構想による華夷秩序の一部になることに他ならない（Wall Street Journal, November 14, 2017）。

インドとの協調はなぜ必要か

安倍首相と協調行動をとっているのはインドのモディ政権である。モディ首相は２０１４年に、インドとＡＳＥＡＮ（東南アジア諸国連合）の会議で、「アクト・イースト政策」を発表している。モディ政権の狙いは、１９９０年に始まった「ルック・イースト」からさらに踏み込み、東アジア諸国との経済・戦略関係を深め、中国に対する抑止力を強化することである。

モディ政権が警戒感を抱いているのは、インド洋沿岸に拠点をつくる中国の「真珠の首飾り」戦略や、これに経済を付加した「一帯一路」構想という名の戦略である。これらの国策ビジョンにより、中国の政府や国有企業による沿岸港湾の長期租借《そしゃく》が進んでいる。

パキスタンのグワダル港を40年間、オーストラリア北部ダーウィン港も99年間、モルディブの国際空港近くの島を50年間、スリランカ最大の都市コロンボの沿岸を99年間保有する契約を結んだ。当初は商業目的でも、やがて軍事目的に使われることになるのは明らかであった。これに対してインドは、東南アジア主要国、日本などと合同軍事演習を敢行し、「東アジアと南西アジアへの窓口」であるアンダマン・ニコバル・コマンド基地に2015年国防予算を優先的に割り当てている。さらに、インド軍の武器調達をロシア以外に広げ、日本からはUS－2哨戒《しょうかい》機購入や潜水艦の導入も打診している。

また、アメリカとは2016年6月、今後10年間の新たな「米印防衛関係のための枠組み」協定に調印した。この枠組みは、米印がシーレーン全域の「通商の自由」「航行の自由」を確保するための相互能力の強化を目指している。

他方、中国の北側に広がる陸の大陸ロシアもまた、日本にとっては戦略上、重要なカードになる。もし米欧がウクライナに武器供与を実行すると、ロシアのプーチン大統領はユーラシア大陸の東に位置する中国に対して最先端兵器の売却を決断する可能性が高くなる。ロシアにとって国境を挟んだ中国は、敵対国にもなるが、共通の敵であるアメリカに対しては一致して対抗する「疑似同盟」になる。ただ、権威主義的で、かつ力しか信じないロシアを同盟国並みに信用することは危険である。しかも、ロシアは大きく見せかけているものの、ロシア経済は破綻《はたん》寸前にあり、ＧＤＰでも韓国経済を下回る。アメリカの疑似同盟国として、とても中国と対抗するだけの体力はない。

日米豪印のダイヤモンド

安倍首相が繰り返し言及する「インド太平洋地域」という概念とともに、首相は２０１２年12月、第２次安倍政権発足の翌日、米Ｗｅｂ誌に日本、アメリカ、オーストラリア、インドからなる４カ国の戦略的ダイヤモンドの重要さを説いていた（Shinzo Abe, Asia's Democratic Security Diamond, Project Syndicate, December 27, 2012）。それは中国の習近平主席が「一帯一路」構想を明らかにした前年のことである。

実は安倍首相は、この原稿を首相就任前に掲載されるようＷｅｂ誌に依頼していたが、実際には就任後になってしまった。さらに興味深いのは、安倍のインド太平洋戦略のプロトタイプとなる演説原稿が、２０１３年１月18日にジャカルタで「開かれた海の恵み――

日本外交の新たな五原則」と題するアジア演説として打ち上げられる予定であった。ところがアルジェリアで日本人人質事件が発生したため、首相が急遽帰国しなければならなくなり、幻の演説になってしまった。

記者団に事前に配布されていた演説草稿を読む限り、2007年のインド議会演説や2012年のWeb誌掲載のダイヤモンド構想が更新・上書きされており、この構想への安倍首相の意欲を感じたものである。太平洋とインド洋を結び付けた拡大アジアの構想は、安倍首相が第1次政権の際に、体調を崩して途中で断念せざるを得なかったものであった。

おそらく、中国の関心事もまた、この構想が民主国家4カ国による連携構想として具体化し、中国の夢を阻《はば》む「ダイヤモンドのネックレス」にならないようにすることであろう。

ダイヤモンドと真珠が、相互にせめぎあう戦略になるか否かは、中国の出方による。日米豪印4カ国対話は、安倍首相の提唱にディック・チェイニー副大統領、ジョン・ハワード豪首相、マンモハン・シン印首相が応じて、第1回の会議が開かれた。4カ国対話は対中国戦略としての性格が明示的に打ち出され、大規模な軍事演習につながった。このうち、中国が切り崩しに動いたのは、オーストラリアに対してであった。とくに、ケビン・ラッド労働党政権が誕生し、やがて中国に気兼ねして4カ国対話から離脱してしまった。

続く2010年にジュリア・ギラード労働党政権がスタートすると、アメリカとの関係強化へとカジを切り替えて4カ国対話へ復帰した。ギラード首相は凍結されていたインドへのウランの輸出を再開し、ダーウィンへのアメリカ海兵隊の軍事プレゼンスに応じた。ところが、今度は日本では鳩山由紀夫民主党政権が誕生して、再び空白期間が続く。

この間、アメリカはオバマ政権下でヒラリー・クリントン国務長官が「アジア回帰」を積極的に推進する構えを示し、アン・マリー・スローター政策企画本部長が国際協調路線の文書で「米日豪印の4カ国軍事協力の再構築」を呼びかけた。

かくて4カ国の戦略対話は、紆余曲折《うよきよくせつ》のすえに2017年11月12日、マニラでようやく外務省局長級の対話をもち、インド太平洋地域の法の支配に基づく「自由で開かれた国際秩序の確保」に向けた取り組みへの議論が進んだ。

現職のマルコム・ターンブル豪首相は、最大の貿易相手国である中国の影響力が国内に拡大していくことに懸念を持っていた。中国は企業や個人とコンサルタント契約を交わして徐々に取り込み、ニュースメディアを買収して現地に居住する華人に接近していく。

すでに述べたように、ターンブル首相は2017年秋、中国を念頭に外国政府による内政干渉を制限する法案を出した。その結果、野党の労働党のサム・ダスチャリ上院議員が中国共産党とつながりをもつ不動産王との関係を糾弾され、辞任することになった。

欧米諸国は過去数十年にわたり、中国に対して自由で開かれた国際社会への参入を期待してきた。しかし、経済成長に自信を深める中国の大国主義にはじかれた。もはや、東西が共通の価値観をもって国際社会を構成することを期待するよりも、互いの違いを認め合ってしか成り立ちようがない。ターンブル首相の決断は希望的観測に基づくものではなく、現実主義に基づくものになった（Wall Street Journal, December 13, 2017）。

アメリカに「アクト・ウエスト」を求める

そうした国際環境の下で、安倍晋三首相は2017年1月半ばのオーストラリア、フィリピン、ベトナム、インドネシアなど計4カ国訪問で、シンプルな2つの力強いメッセージを伝えた。第1は、アジア海洋地域での航行の自由を確保するための「法の支配」の貫徹である。第2は、トランプ新政権の時代になってもアジア太平洋地域の安定には、「アメリカの関与」が不可欠であることを4カ国に同意を求めたことである。

過去を遡れば、米英両国が第2次大戦直後、それまで定着していなかった地理的概念の「北大西洋」に焦点を当て、ヨーロッパでのNATO（北大西洋条約機構）の形成に道筋をつけた姿と重なってくる。日本政府関係者によると、2016年11月にインドのモディ首相が来日した折に、このインド太平洋戦略を具体化することで一致しており、首相の一連の発言は「モディ氏が東アジアとの関係を重視しており、これに呼応する意図が込められている」という（産経新聞２０１７年1月18日付）。

安倍首相はこれら海洋アジアとの結束を固め、就任直後のトランプ大統領に対して、「アクト・ウエスト」を明示的に求めている。オバマ前政権はアジア再均衡化の「リバランス」を掲げながら、それに見合う十分な行動が伴わずに、中国に南シナ海の人工島造成と軍事化を許してしまった。トランプ新政権に対しては、口先だけの「ルック」ではなく、抑止行動が伴う「アクト」が重要になる。

安倍首相がトランプ大統領に「アクト・ウエスト」を求める背景には、中国海軍の急速な軍備増強がある。アメリカの軍事専門家、ロバート・オブライエンによれば、アメリカ海軍の保有艦船２８４隻は、第1次大戦以来最小規模であり、中国海軍は２０２０年までに戦闘艦艇の総数でアメリカ海軍を凌駕するとみられている。しかも、アメリカは世界中に展開しているが、中国は南シナ海の係争海域に集中できる（Politico Magazine.com）。

トランプ大統領が国防で広げる風呂敷は、「アメリカ史上、最大規模の国防費にした」とさすがに大きい。内向きのオバマ路線を脱して、レーガン元大統領のように「強い米国」を引き寄せたかに見える。実際に２０１１年の上限規定（予算管理法）を５４０億ドルも上回って、２０１８年の国防予算を６０３０億ドルにかさ上げする。トランプ政権の国防費増額は、実際の抑止行動につながる裏付けとしてひとまず歓迎できるだろう。

トランプ大統領の2017年秋のアジア歴訪は、北朝鮮による相次ぐ核・ミサイル実験にともなう朝鮮半島危機により、否応なく「アクト」に向かわざるを得なかったためである。この間にアメリカ海軍が日本海に送った空母3打撃群がそれにあたる。

トランプ大統領はベトナム・ダナンAPEC関連の演説で、古代中国の王朝に反抗したベトナム人、チュン姉妹の悲劇を語った。それはアメリカ建国の父たちが掲げた「永遠の独立」に通じる祖国愛であることを指摘し、ベトナムは漢の横暴な支配と戦ったチュン姉妹の行動によって目覚めたと述べた。トランプ大統領の演説は、中国に抵抗するベトナムを比喩《ひゆ》的に語って、地域覇権の野望を打ち砕く意思を強調した。大統領はとくに、「インド太平洋」という地政学的概念を多用し、それぞれの国には愛国心、繁栄、誇りがあり、「自由で開放的なインド太平洋を選択すべきだ」と結んでいる。

トランプ大統領のいう「世界最大の民主主義国」インドは2017年夏、中国とブータンとの3カ国国境付近で、現状変更を狙う中国軍と10週間にわたりにらみ合った。インド軍の介入によって、ブータンが領有権を主張する地域での中国の道路建設を停滞させた。インド政策研究センターのブラマ・チェラニー教授は、アメリカのオバマ前大統領が「南シナ海でインドと同様の決意を行動で示していたら、おそらく中国は現在の軍事化された7つの人工島を確保していなかっただろう」と語っている（Project Syndicate）。

米中を動かすインド太平洋戦略

ダナンＡＰＥＣ参加の指導者たちもまた、トランプのアジア関与の本気度を探っていた。小国にとっては、自国の生存と繁栄のためにアメリカが頼りにできなければ、いやでも中国が主導する「一帯一路」というバンドワゴン（時流）に乗るしかない。オバマ前政権は「アジア回帰」を言いながら、それに見合う行動をとらなかったし、トランプ政権もＴＰＰ離脱で先行きの不安が残るからである。

キングス・カレッジ・ロンドンのハーシュ・パント教授は、日米豪印の４カ国の枠組みについて「中国の台頭とアメリカの無気力」に対処するための、対中国包囲網づくりだとみている。しかも、米中が関与しないところで、日本はＴＰＰ参加11カ国での新協定案の合意を働きかけ、成功しつつある。誰もがアメリカのＴＰＰ離脱で、中国が多国間協定の空白を埋めると考えていたが、ＴＰＰは形を変えて生き残った（Wall Street Journal, November, 2017）。安倍首相がトランプ大統領を動かす一方で「日米豪印」や「ＴＰＰ11」をまとめた独自外交の存在感は、中国ですら無視できなくなっていた。ダナンＡＰＥＣの際には日中首脳会談に習主席を引きずり出し、東アジア首脳会議開催のマニラでは、李克強首相との会談を実現させた。日本のインド太平洋外交が米中を動かしたのである。

トランプ大統領は予測不能な気まぐれ政治のままであるが、政権そのものは軍人閣僚たちが安定した施策を着実に打っている。ジェームズ・マティス国防長官はアメリカ上院軍事委員会で、国際秩序が「第２次大戦以来、最大の攻撃を受けている」と述べ、その文脈で「中国の南シナ海進出」を最大の脅威に挙げていた。また、訪日したマティス長官は安倍首相と会談して、中国が領有を狙う日本の尖閣諸島の防衛について「日本の施政を損なおうとするいかなる一方的な行動にも反対する」と確約している。

時代はアメリカの相対的なアジア後退から、誰がインド太平洋をめぐる覇権争奪に勝利するかという局面に突入している。力しか信用しない習近平政権に対しては、実際に行動で示す「アクト・ウエスト」が欠かせない。中国にとっては、「血の友誼《ゆうぎ》」であった北朝鮮でさえ、対米カードとして朝貢させる相手に過ぎないようだ。日本は日米同盟が基礎であるとしても、その動向を油断なく見極め、多国間の新しい安全保障枠組みでリスクヘッジを考えるべきであろう。

（本章で触れる、日本のとるべき施策）

①　ガイドラインの再見直し、新日米安保条約
②　非核三原則の廃止
③　「いきなり本土決戦」の専守防衛方針を廃止
④　長距離弾道ミサイル、中距離空対地・地対艦ミサイルの配備、敵基地攻撃能力の整備
⑤　有事の米軍核持ち込み、米軍との核シェアリング、独自の核武装の議論を開始する
⑥　北朝鮮の核・ミサイル阻止のための国際的制裁強化
⑦　中国や北を支援する国内団体の不法活動への監視と対策
⑧　ミサイル攻撃に対する防護計画の策定

第8章　「悪魔」は二度と地下に潜らない

悪の跳梁を抑止する

トランプ政権の「アクト・ウエスト」の基本的な骨格が現れたのは、２０１７年暮れの「国家安全保障戦略」（ＮＳＳ）からだった。この年12月の「国家安全保障戦略」で、中国とロシアを自由主義社会を阻害する「修正主義」と定義し、翌18年1月の「国家防衛戦略」（ＮＤＳ）では、ライバル強国である中国による国際秩序の破壊を阻止するとし、「核戦略体制の見直し」（ＮＰＲ）で、ロシアの戦術核に対抗して核抑止力を強化する。

これら三戦略文書は、対中対露のタイムリーな〝反撃戦略〟であり、トランプ政権の基本戦略が確立されたとみるべきだろう。特に、新たな核政策の指針「核戦略体制の見直し」は、やむにやまれぬものだった。いまも核戦力を増強している中国は、「国際秩序を変えようとしている」し、戦術核をちらつかせるロシアは、「大型の北朝鮮」に見える。その北朝鮮は、もちろん「核戦争も辞さない」と威嚇《いかく》してきた無頼《ぶらい》の国家であった。

残念ながら核兵器に対しては、核で抑止するしか阻止する方法がない。核をもった３つの「現状変更勢力」の前線にある日本で、河野太郎外相が新指針を「高く評価する」と述べたのは適切な判断だった。唯一の被爆国であるからこそ、「力の均衡」が崩れないよう核戦略の見直しを了承しなければならない。日本は北朝鮮の中距離弾道ミサイル「ノドン」（射程１３００キロメートル）の射程内にある。北はすでに１０００発を保有しているとみられているが、日本人はどこよりも過酷な状況に置かれているという自覚が希薄である。まして、アメリカに届く北のＩＣＢＭ（大陸間弾道ミサイル）に核の搭載が可能になると、冷戦当時よりもさらに複雑になる。北が核兵器能力を追求する目的の一つは、日米と米韓の同盟関係を揺さぶり、やがては分断することにあるからだ。

アメリカの主要都市が北のＩＣＢＭの脅威にさらされると、日米切り離しの「ディカップリング」問題が生じる。北がノドンで日本を攻撃した場合、アメリカは北の報復攻撃の危険にさらされてまで、日本を核で防衛する用意があるかという問題を引き起こす。

米朝首脳会談への期待が高まっていた２０１８年4月20日、朝鮮労働党は、核実験とＩＣＢＭの発射実験を中止し、豊渓里《プンゲリ》の核実験場を廃棄するとの決定書を採択した。同時に行われた金正恩《キムジョンウン》の報告では、ＩＣＢＭと中距離ミサイルの実験中止に言及してもいた。この場合の「中距離」とは、グアムに到達可能な「火星12」（射程５千キロメートル）や「北極星2」(射程2千キロメートル)であって、ノドンは想定されていない可能性がある。同じ20日の日米防衛相会談では、すべての中距離ミサイルを含むすべての弾道ミサイルの廃棄を北に求めることになってはいるが、米朝交渉の進展によっては先行き不透明であった。

日本が将来にわたり「独自核」を持たないとの選択をするなら、このディカップリングを防ぐ〝保険〟は、日本に駐留米軍をとめおくことしかないだろう。日本が攻撃にさらされれば、アメリカ軍も当事者として関与せざるを得なくなるからだ。それが目下の日米同盟がもつ抑止の効用というべきものである。

ところが、いまのアメリカは、冷戦下でソ連と結んだ中距離核戦力(INF)全廃条約に拘束されている。もはやアメリカは、射程500キロから5500キロの地上発射型の中距離核ミサイルや巡航ミサイルを保有していない。だから、ソ連がヨーロッパに向けて配備した中距離ミサイル「SS-20」に対抗し、ドイツの求めでアメリカが「パーシングⅡ」を配備したようなことはもはやできないのだ。

では、ソ連の後継国家、ロシアが条約を破ったらどうなるか。冷戦中の1987年に締結したINFから30年を迎えた2017年、アメリカ国務省はロシアが条約に違反して中距離巡航ミサイルの実験、配備を続けていると批判し、対抗措置をとることを表明していた。加えて、北の核が完成間近になって浮上してきたのが、この「核戦略体制の見直し」

なのだ。先に発表したトランプ政権の国家防衛戦略は、アメリカの優位を覆《くつがえ》そうとする「ライバル強国」の第一に中国を掲げたが、核分野に限った戦略見直しでは、ライバルの第一にロシアを挙げている。そのためにアメリカは、相手国を壊滅させてしまう戦略核である潜水艦発射弾道ミサイル（SLBM）の核弾頭の一部を、爆発力を抑えた小型核に切り替える。小型核の増強を進めるロシアに、「小型核を局地戦で使っても、アメリカは戦略核での報復に踏み切れないだろう」との認識を持たせない狙いだ。

ソ連崩壊後に再出発したロシアは、2000年代の原油価格の上昇で軍事力を再建し、クリミア、シリアで躊躇《ちゅうちょ》なく軍事力を用いた。プーチン大統領は、北大西洋条約機構（NATO）の東欧拡大に対する屈辱から、たびたび核使用まで言及するから、アメリカには大きくなった北朝鮮にしか見えない道理であろう。

政治指導者が「核なき世界」を訴えても、朝鮮半島で悪の跳梁《ちょうりょう》が収まるわけではない。そこに至るまでは、存在する核に対する「核抑止」の努力は避けられない。

「核なき世界」より「核の抑止」

それが可能であるなら、「核の廃絶」を望まぬ者などはいない。だが、良心的な核の開発者が手を引いたとして、良心的でない核開発者が代わってその開発に携《たずさ》われば事態は少しも変わらない。「核兵器廃絶国際キャンペーン」という国際ＮＧＯのノーベル平和賞授与が決まったとき、むしろ、核の廃絶論が「事態を悪化させる」とシニカルに評した福田恆存《つねあり》の言葉が甦《よみがえ》ってきた。

福田が挑発的な論文「現代の悪魔」を発表したのは、半世紀以上も前の１９６１年（昭和36年）であった。戦後保守主義を代表する論客は、そこから得られる結論として「『悪魔』は一度地上に出現してしまった以上、二度と地下には潜らぬであらう」との過酷な現実を説いた。悪魔とは核兵器のことであり、これほどさめた目で「核の本性」を見極めた論者は少ない（福田恆存「現代の悪魔」『福田恆存評論集』第七巻、麗澤大学出版会、１９９〜２０３頁）。核問題でノーベル平和賞受賞がでたのは、「核兵器なき世界」の実現を唱えたアメリカのオバマ前大統領に続くものであった。前大統領がプラハ演説で「核廃絶」に触れて以来、世界中から彼に称賛の嵐が起きた。だが、時間が経つうちに国際社会はその真意を探り、隠れた意図が何であるかの論争が起きた。福田恆存が生きていれば、「悪魔は二度と地下には潜らぬよ」と冷笑していたに違いない。

良心的でない核開発者の一人が目の前にいる。問題の北朝鮮に対してオバマは、「戦略的忍耐」の名のもとに核とミサイル開発を見過ごしており、核なき世界への道筋どころではなかった。ノルウェーのノーベル賞委員会は、核廃絶を唱える国際ＮＧＯに平和賞を授与して、「これまでになく核の脅威が高まっている」と太平洋を挟んで対峙《たいじ》する米朝に警鐘《けいしょう》を鳴らしたのだ。元国防長官のジェームズ・シュレジンジャーはオバマ前大統領のプラハ演説について、核廃絶論の幻想を「核廃絶を願うのはかまわない。でも、それが実現しないことを祈るべきだ」と痛烈に批判していた。なぜなら、「核なき世界」が実現したら、常にだれかがひそかに核兵器を造っていることを心配しなければならないからだと、福田恆存と同じ論旨を説いていた（Wall Street Journal, July 13, 2009）。

今回の北朝鮮の核脅威についても、ハドソン研究所フェローのウォルター・ラッセル・ミードは、「北の核開発が日本の核保有を誘発し、それに韓国と台湾が続くことになる」という事態を想定している。北の核開発を止めさせる努力に中国を引き入れるのは、日本の核保有阻止が中国の利益であるからだと、直截的《ちょくせつてき》な分析をしている（Wall Street Journal, September 4, 2017）。これらの文脈から浮かび上がるのは「核なき世界」の幻想に頼るのではなく、あくまでも核拡散の阻止と、存在する核に対する透徹した「核の抑止」論であった。

プルトニウムの保有認める

核の抑止を考えるうえで重要な動きが、実際に日本にもあった。新聞の片隅に小さく

「日米原子力協定　延長へ」との見出しで、２０１８年７月に30年の満期を迎える協定が自動延長になることを伝えていた（読売新聞２０１７年９月24日付）。ただし、使用済み核燃料の再処理で、プルトニウムを生み出す日本原燃の再処理工場（青森県六ヶ所村）の操業も、先送りする可能性が高いことなどから、保有量の増加を抑える上限制を導入する。

日米の30年協定は、核兵器の原料となるプルトニウムの平和利用を認めたものだ。核兵器の非保有国である日本が、世界でただ一国だけ再処理などの同意を得ている。協定が破棄や再交渉をせず自動延長となれば、日本はこれまでのように原発の使用済み燃料を再処理する「核燃料サイクル」が可能になる。なによりも、場合によっては日本が核兵器をもつことも十分可能な量なのである。

北朝鮮が核実験とＩＣＢＭ（大陸間弾道ミサイル）の発射実験を繰り返す時期に、アメリカのトランプ政権が、それを平然と認めた意義は決して小さくない。「核なき世界」の理想を掲げたオバマ前政権が、日本のプルトニウム削減の取り組みに懸念を示していたのと比べると、大きな違いである。日本が「独自核」を持つことを容認するような、一部ワシントンにある空気と合わせ、中国に対北圧力をかけさせる一手として考えられている。

日本が保有するプルトニウムは約47トンにのぼる。プルトニウムの純度がやや低いのだが、これを核開発に回すとすれば、実に６千発分の核爆弾に相当するからだ。日本が大量のプルトニウムを保有することに対して、中国は国連の場や記者会見で繰り返し「核の不拡散に反する」と警告していた。日本が核保有国になる「余地」をいかに警戒しているかが分かる。核大国の中国自身が、日本に中距離核ミサイルＤＦ－21（東風21）の照準を合わせていながら、プルトニウム保有に文句をつけるなど身勝手なものである。

核ドミノ論のレトリック

アメリカはこれまでも、中国に対北圧力をかける切り札として、「北朝鮮が核を保有すれば、日本の核武装を誘発する」とのレトリックを使ってきた。それが地政学的にも歴史的にも、中国最大の懸念であることは間違いないからだ。

例えば北が初の地下核実験を行った直後の２００６年10月、米紙ワシントン・ポストのコラムニスト、チャールズ・クラウトハマーは、「第2次大戦は終わった」と題する論評で、この点を強調していた。彼はまず、日米戦争はもう遠い過去の出来事であり、日本はイギリスに次ぐ同盟国であって、核武装に反対する理由はないと前置きする。そのうえで、「日本が核武装を意図することになれば、中国は北朝鮮の核武装阻止に本腰をいれるだろう」と繰り返してきた。北京には「北の核保有」よりも「日本の核武装」の方がよほど怖いから、ありうるシナリオである。北朝鮮による核実験に続くＩＣＢＭの発射実験でも、クラウトハマーはもちろんのこと、ブルッキングス研究所のトーマス・ライト上級研究員も、積極的に日韓の核武装を容認し、10年以上にわたって北を「封じ込め戦略」で包囲することを主張した。キッシンジャー元国務長官も米紙ウォールストリート・ジャーナルへの寄稿で、北の核保有の既成事実化が東アジアでの「核保有ドミノ」につながる恐れが高いとして注意を喚起した（Wall Street Journal, August 12, 2017）。

実際にいま、半島に核を抱えた「悪魔の跳梁《ちょうりょう》」があり、米朝のシンガポール首脳会談で「朝鮮半島の非核化」の〝口先合意〟があっても、北朝鮮に近い日本は、防備だけを固めて迎え撃つ「専守防衛」だけでは、この跳梁を抑えきれない。イギリスの哲学者、トーマス・ホッブズのいう「恐怖心」が社会の基本行動の動機である。ある国からみれば防御と反撃でも、周辺国にとっては当の国からの侵略に映る。国境をまたいで争ってきた国々は、相互侵略の繰り返しだったから軍事力を均衡させようとした。

ところが日本には、核兵器の研究と核抑止戦略によって、国民を二度と被爆させないという発想がない。むしろ、被爆がトラウマとなって、軍事部門の核にはいっさい触ろうともしない。敗戦後の総懺悔《ざんげ》から核アレルギーが強く、安全保障はアメリカに頼り切りになっていた。そのアメリカが、世界の安定を牽引《けんいん》する指導力を失いつつあることに気づかねばならない。

「核論議が抑止力」は甘い

かつて、日本には「核論議すること自体が抑止である」という楽観論もあった。だが、もはや、空疎な言葉を信じる核保有国はありえない。なぜなら、北朝鮮が初めて核実験を強行した直後の２００６年10月15日に、自民党の中川昭一政調会長が「憲法でも核保有は禁止されていない」と述べ、政界と言論界をあげてこれを封じてしまったからだ。以来、中国や北朝鮮は日本で核論議が浮上しても、一部保守派のこけおどしとしかとらえない。日本は自らの手で最低限の抑止力までをも葬ってきたのである。

このとき、中川の「核保有の論議はあってもいい」の一言が千里を走って、たしかに米中両国を動かしていた。急遽、東京に飛んできたコンドリーザ・ライス国務長官は、改めて「核の傘」を持ち出し、「あらゆる抑止力で日本に対する安全保障を約束する」と、核開発の競争が拡大する悪夢を振り払った。東アジアで核を独占してきた中国もまた、日本の核論議が高まることに敏感に反応した。胡錦濤国家主席は、北京入りしていた扇千景《おおぎちかげ》参院議長を相手に、北朝鮮を激しく非難してみせた。日本国内で核論議がこれ以上、拡散することを警戒してのパフォーマンスである。

日本の国益にとって、中川発言ほど「低コスト、強インパクト」の外交的メッセージはなかった。ところが、核抑止を理解できない当時の民主党幹事長、鳩山由紀夫は「議論自体も日本国民としては許されない」と非難し、中川発言を擁護した麻生太郎外相の罷免《ひめん》まで要求する始末であった。このとき、夕刊フジの漫画が、日本の非核三原則は「いつから四原則になったか」と非核派をからかっていた。日本は核兵器を「つくらず、持たず、持ち込ませず」だったが、これに「議論せず」まで新たに加えて自らを縛ったからだ。

核論議を否定することは、必要な核抑止力を破壊することにつながるのである。いまとなっては、議論より開発に必要なプルトニウムを保有している事実の方がより重要になる。潜在的な製造能力のある科学技術先進国は、核の原料となるプルトニウムをもち、政治決断さえあれば数か月で核開発が可能だからだ。

ガロワ将軍の核武装論

核に対する近年の反応は、まだマシなのかもしれない。自民党の石破茂元幹事長が2017年にテレビ番組で、北朝鮮の核抑止のため「国内にアメリカ軍の核兵器配備の是非を論ずべき」といっても、当時ほどの反発が出ない。「アメリカ核」の導入論は、もちろん非核三原則の否定でもある。不思議なことに朝日新聞は、石破発言を第4総合面で「核持ち込み　議論促《うなが》す」と地味な扱いだった。数日後の社説でようやく「非核三原則の堅持こそ」

で、体勢を立て直していた。それにしても、朝日の「議論を促す」には驚いた。中川発言の「議論はあっていい」と、いったいどこが違うのか。「核論議」と聞いただけで、けたたましく非難したあの勢いからすると、随分と様変わりしたものだ。北による核の恫喝を前に、さすがの朝日ポピュリズムも全否定できなかったのか。もっとも、朝日の嫌いな安倍晋三首相の発言だったらそうはいかなかったかもしれない。

左派リベラルの致命的な矛盾は、「議論してはならない」と言いながら、自らの核論議には平然としていることだ。時の論説主幹、若宮啓文《よしぶみ》は『帝国以後』を書いたエマニュエル・トッド氏と対談して、図らずも「日本は核武装すべきだ」との言葉を引き出していた。「核兵器は偏在こそが怖い。広島、長崎の悲劇は米国だけが核を持っていたからで、米ソ冷戦期には使われなかった。インドとパキスタンは双方が核を持った時に和平のテーブルについた。中東が不安定なのはイスラエルだけに核があるからで、東アジアも中国だけでは安定しない。日本も持てばいい」（朝日新聞２００７年10月30日付）

いかにもフランス人らしい現実主義である。不意を突かれた若宮は、「日本が、ですか」と驚きをそのまま書いた。ただし、編集後記では「皮肉屋のフランス人を自称するだけに、あえて挑発してくれたのかもしれない」と、勝手に辻褄《つじつま》を合わせていた。世間はこれも核論議と思うが、朝日はそう考えない。

西側主要国の中で、内外の批判に耐えるという政治コストを払って、独自の核戦略を推進したのはそのフランスであった。時のドゴール大統領はアメリカの反対さえも押し切って、１９６０年2月に核武装することに成功した。同盟国に頼ることなく「偉大なフランス」を死守するゴーリストの思想が背景にあった。

フランスの核戦略の理論家はピエール・ガロワ将軍である。第2次大戦末期にアメリカ軍が広島、長崎に投下した2つの原爆の威力にショックを受けた。彼は独自に研究を進めて、数個の核とそれを運搬するミサイル手段さえあれば、都市を巻き添えにするという恐怖を敵に突きつけて抑止力を獲得できると考えた。だからガロワ将軍は、仮に１９５６年11月に、ハンガリーがソ連に撃ち込める3発の広島型核爆弾を保有していたら、モスクワはブダペストと交渉せざるをえなかったと指摘している。

もちろん、ソ連の膨大な核兵器に対抗して、フランスが核で勝てるとは思ってはいない。むしろ、敗戦が濃厚になったさいにフランスが自爆覚悟で東側の主要都市に使用する決意を示し、ソ連の行動を封じることが出来ると計算した。おそらく、トッドの考え方は、このガロワ理論に通底していよう。

危険な「専守防衛」の偽善

ここで、アメリカ安全保障の基本論文集『武力行使』のケネス・ウォルツ論文などから、抑止力の考え方を整理すると次のようになる。核抑止力とは、こちらが報復用の核をもつことにより、敵対国の不利益の割合を増大させれば、あちらからの核攻撃の動機を抑止できることになる。抑止力の大きさは、反撃可能な核の量に比例する。

その核抑止力が敵対する２カ国で互いに国家の存続が不可能になるような状態が「相互確証破壊」である。トッドの推奨するのは相互確証破壊に至るまでの巨大な核戦力ではなく、日本の狭い国土でも保有が可能なフランス型抑止力を指している。

ところが、日本政府は憲法第９条に基づく偽善的な政策判断で、「専守防衛」を国是としてしまった。相手国の国土を壊滅させるＩＣＢＭはじめ、攻撃型空母、戦略爆撃機などの攻撃兵器は保有しないと宣言しているのだ。ところが、専守防衛の旗手であるミサイル防衛は決して完璧ではない。１９９１年の湾岸戦争の際に、アメリカ軍によるイラク攻撃が始まると、フセイン大統領は保有するスカッド・ミサイルではアメリカに届かないから同盟関係にあるイスラエルに撃ち込んだ。この時、迎撃ミサイルによるイスラエルの撃墜率はわずか40％との報告があった。イラクのミサイルに核が積まれていた場合は、１発でも撃ち漏《も》らせばイスラエルにとって壊滅的な打撃になった。アメリカがイラクの核配備を知っていたら、イラクが侵略したクウェートを奪還することも、イラク兵を蹴散らすこともできなかっただろう。アメリカ国民を犠牲にしてまで、日本を核攻撃した北への報復はできない。そうなれば、アメリカによる日本、韓国に対する拡大抑止戦略の崩壊である。

日本の政治家は国民の中に核アレルギーがあると信じているから、核論議でさえ無条件で避けようとする。その代わりに持ち出すのは、アメリカの「核の傘」に対する飽《あ》くなき信頼であった。アメリカの「核の傘」が信じられなくなれば、理論的には自前の核を考えるか、もしくは、傘の信頼性を高めるため、惜しまずにアメリカを支えることになる。

いまやアメリカの覇権までをも凌駕《りょうが》しようとしている中国である。日米が警戒すべきは、北朝鮮の目標が中国の利益と見事に一致することだ。北が核兵器能力を追求する目的の一つは、日米と日韓の同盟関係を揺さぶり、やがては分断することであるからだ。したがって、何かの行き違いから中朝が離れることがあったとしても、それは一時的にすぎないと覚悟しておくべきであろう。

「独自核」の高い政治コスト

核の脅しに対しては、その「排除」「均衡」「防御」の三つの戦略を着実に積み上げていくしかない。北朝鮮が核を小型化し、ミサイルに弾頭を装着できるようになる前に、日本はアメリカとともに外交圧力をかけ性急な軍事行動を起こさせないために、まずは核を「排除」する。しかし、日本の為政者は自国の防衛力を意図しても、核抑止による「均衡」は他人任せである。先に言及したウォルツ論文「核の平和へ」は、防衛力と抑止力を混同しているのは日本だけではないという。彼はまず、「欧州の強い防衛力がソ連の攻撃を抑止する」との俗説を引き合いに、「本当に、強い防衛力がソ連の攻撃を思いとどまらせることができるだろうか」と疑問を呈する。なぜなら、抑止力とは防衛能力を通して達成されるのではなく、相手を罰することのできる攻撃能力によってこそ可能なのだ。従って、核の脅威に対しては核でしか抑止できないという過酷なテーゼが成立する（Kenneth Waltz, Toward Nuclear Peace,“The Use of Force”P685, 686）。

では、日本の「独自核」は物理的に保有することは可能なのだろうか。国内で核保有論は「唯一の被爆国」という絶対平和主義の非難にさらされ、国外でもＮＰＴ（核拡散防止条約）からの脱退を覚悟しなければならない。ＮＰＴは日本とドイツの核武装の道を閉ざすことを狙いにした不平等条約である。核５大国の軍縮は進まず、イスラエル、インド、パキスタン、そして北朝鮮に拡散している。イランも加わってＮＰＴも半ば崩壊状態になるだろう。いずれにしても、日本の核武装は韓国、台湾の保有を刺激して「核のドミノ」を最初に押したとの非難に耐えなければならない。首相がそれらの政治コストをすべて背負ったとしても、実は国内に核実験場がない。漁業権が張り巡らされている日本列島周辺に、何の影響も受けない離れ小島がなく、山中でも放射線漏れを防ぐのは至難の業《わざ》だ。シミュレーションは核実験のデータがあって、ようやくコンピューター制御が可能になる。

したがって、オバマ政権下の前回ＮＰＲ２０１０（核戦略体制の見直し）では、核軍縮や核不拡散に多くの記述があったが、トランプ政権の核戦略見直しＮＰＲ２０１８では、同盟国やパートナー国のために核戦力を近代化する必要があることを強調している。とくに、アジアの同盟国を重視する姿勢で、これまではなかった日本語訳や韓国語訳を国防総省のホームページにアップした。日本と韓国を安心させ、核武装論を封じる意味もあっただろう。現実的に考えれば、北朝鮮や中国の脅威を前に、アメリカの核の傘の下で通常戦力を強化して抑止力を高めたい。

「核オプション」は捨てず

日本が保有する「独自核」以外にも、アメリカの核戦略と一体化して生き残りを図る方法がある。有事にアメリカ軍の核爆弾を譲り受ける方法としてＮＡＴＯ（北大西洋条約機構）の「核シェアリング」と似た扱いを日本にも認めさせる方法が考えられる。つまり「核兵器の共有」や「2つのカギの共有」と呼ばれるもので、ドイツ、オランダ、イタリアなど核保有が禁止されている国がアメリカ核を共有するやり方である。

日本の場合で考えられるのは、核ミサイル搭載の潜水艦でアメリカ海軍と海上自衛隊が乗員となり、敵対国から日本が核攻撃を受けた場合は、日本の海自がアメリカ核ミサイルを報復として発射する。日本が最低限の核抑止力を持つことによって、最悪の事態を避けることを目的にしている。アメリカ軍は平時から同盟国としての日本に訓練を施《ほどこ》し、核の情報交換から攻撃目標までを共有するから、現行の日米安保条約を改定して日本の自立性と双務性を明確にする必要がある。もちろん、核を使用する際には、アメリカが拒否権をもつから独自核とは次元を異にすることに留意する必要がある。

日本はこれら「核オプション」を捨てることなく、議論を深めるべきであろう。いずれの選択肢も、日本の国内世論の分裂など、指導者が請け負う政治コストが高いことを覚悟しなければならない。まずは、北朝鮮に対する経済制裁の強化と、通常戦力による敵基地攻撃力を強化する。時代錯誤の「専守防衛」をやめ、巡航ミサイルの配備など攻撃力を含む「積極防衛」策の予算化に、最初の一歩を踏み出すべきであろう。

終章　パクス・シニカへの処方箋

憲法9条を変える日

安倍晋三首相の改憲表明には迷いがなかった。首相は2017年5月3日の民間団体主催の憲法フォーラムにビデオメッセージを送り、改憲への決意を語った。その矛先をまっすぐ日本国憲法第9条に絞り込み、自衛隊を明文化するよう問題提起した。国会や政権党内の憲法論議が沈滞していただけに、それは意表を突くものであった（民間憲法臨調、美しい日本の憲法をつくる国民の会の共催による「第19回公開憲法フォーラム」）。

とくに、この時に目標として挙げた「2020年に新憲法施行を」というタイムテーブルは、日本が島国を脱して海洋国家を目指す宣言のようにも聞こえた。目標の2020年といえば東京五輪・パラリンピックの開催年であり、中国のGDPが世界の5分の1を占めることが予測され、アメリカが大統領選を迎える激動の年である。

首相の改憲への提起は、自民党内ですら「積極防衛」を可能にする憲法9条改正への動きが鈍かった時期だ。党はおずおずと緊急事態条項の挿入を掲げて、9条の〝本丸〟に攻め込むことを避けてきた。改正原案をまとめる場として衆参両院に「憲法審査会」が設置され、すでに10年にもなる。彼らのいう緊急事態条項の検討といえども、せいぜいが「大規模災害時の国会議員の任期延長」ぐらいで、肝心な条項は「論点整理」ばかりを繰り返して少しも前に進まない。2016年の参院選の結果、せっかく衆参両院で改憲発議に必要な「3分の2の勢力」を形成できる状況になったのに、この好機をまったく生かそうともしない。中朝の新たな脅威を前に、自衛官が後顧《こうこ》の憂いなく責務遂行できるよう憲法上の地位を与えようとする使命感すら感じられなかった。

そうした閉塞《へいそく》状況を横目で見ながら、安倍首相周辺の識者の間で、「3分の2」獲得後の改憲への道筋が密かに議論されていたようだ。おそらくその代表的な論文が、日本政策研究センターの機関誌『明日への選択』に掲載された伊藤哲夫代表の論考「3分の2獲得後の改憲戦略」なのではないか（日本政策研究センター『明日への選択』平成28年9月号）。

伊藤代表は公明党が9条そのものの改正に依然反対を明言している実情を見据《みす》え、かつ日本維新の会も対象が教育の無償化、統治機構の改革、憲法裁判所の設置でしかない現状から、どんなアプローチなら9条改正の実現性を高められるかを考える。

他方で、主要メディアは、安保法制への反対運動で「立憲主義の否定」「暴走政治」などと決めつけるプロパガンダに乗るばかりだった。ムード左翼に迎合する新聞記事や、煽動的なテレビ番組しかつくらない。いったい、こうした現状を打破して、反転攻勢をするための道は開けるのだろうか。伊藤はここでは一歩退き、現行憲法の規定を当面認めたうえで、「その補完に出るのが賢明なのではないか」との結論に至ったようだ。そこで彼は、「加憲」という文脈の中で、現行の憲法前文に「国家の存立を全力をもって確保し」などを補い、9条には「3項」を加えることを提案している。

3項として「但《ただ》し前項の規定は確立された国際法に基づく自衛のための実力の保持を否定するものではない」と挿入することを提案していた。ここでいう「前項の規定」とは、2項にある「陸海空軍その他の戦力は、これを保持しない。国の交戦権は、これを認めない」を指していよう。すなわち、2項の削除を迂回《うかい》し、3項によって2項を空文化することを意図している。安倍首相は2017年5月の表明で、戦争放棄の9条1項と、戦力と交戦権を否認する2項をそのままに、自衛隊の存在を「3項」として明記する意向を明示している。おそらくは、タイミングを推し量った上で、政治の太平楽《たいへいらく》に対するショック療法を仕掛けたのであろう。首相の真意は2項削除にあると思われるが、そこを迂回して3項の挿入だけにとどめたのは、あくまで「実現可能性」を優先したとしか思えない。

自民党は2012年に、憲法の全面的な改正案である「自民党憲法改正法案」を党議決定している。ただ、国民投票法がテーマごとに賛否を問う方式であるため、現状では党の草案をそのまま提案することはできない。改正すべき3、4項目を先行させることが「実現可能性あり」ということであろう。

安倍首相は「党内の議論を加速し、憲法審査会への提案を、いかに苦しくてもまとめ上げる決意だ」とも語っている。野党も安倍提案から逃げずに、党首討論でも憲法問題を取り上げ、憲法審査会への出席も求めて徹底した討論をすべきだろう。

安倍提案はまた、憲法解釈学者たちの「自衛隊は憲法違反である」といいながら、「9条改正には反対」というばかげた論理矛盾を断ち切る一撃でもある。2項を残したままの首相提案で「積極防衛」が可能かはいまだ疑問だが、衆参両院の憲法審査会を通して2項削除も含め9条改正のありうべき姿を正面から議論すべきであった。

なぜなら、それがパクス・シニカ時代を迎える処方箋《しょほうせん》であるからだ。

欠陥憲法を同盟が埋める

連合国軍総司令部（GHQ）のマッカーサー司令官が、「無害な三等国をつくる」とした究極の仕掛けがこの新憲法である。1946年2月、GHQは外相当時の吉田茂に新憲法の草案を突き付けた。天皇を戦犯にしようとする諸外国の要求を避けるために、天皇を象徴とし、戦争放棄することを呑まそうとした。天皇の地位が人質である以上、吉田らはマッカーサー草案を受け入れざるをえなかった。

9条の原型たる「マッカーサー・ノート」には、自衛戦争の放棄まで入っていたが、民政局（GS）のチャールズ・ケーディス次長が削除したことはよく知られている。しかも、芦田均《あしだひとし》を委員長とする憲法改正小委員会の芦田修正によって、第2項の冒頭に「前項の目的のために」が挿入され、「戦力」の保持が可能になったはずである。

ところが日本政府は一貫して、9条のもとでは「自衛権は放棄していないが、自衛のためといえども、戦力の保持は禁止される」との奇妙な解釈を続けてきた。「戦力」を「必要最小限度を超える実力」と解釈してきたために、「自衛力」としか表現しないのである。

そのGHQは日本国憲法が、初めから終わりまで日本人の手によってつくられたという幻想を定着させようとした。GHQはせいぜい助言をする程度であったとするため、言論に対する検閲《けんえつ》を厳格に適用した。憲法制定過程に詳しい駒澤大学名誉教授の西修によると、検閲には「日本国のための新聞準則に関する覚え書き」など数段階のプレス・コードがあり、占領軍に対する批判はもちろんのこと、憲法、東京裁判（極東軍事裁判）への批判や東西冷戦に関する言及まで禁じられた。

いわば日米合作でできた日本国憲法の不幸は、時に応じて勝手な解釈を生む余地を残してきたことである。1949年の第3次吉田内閣では「武力によらざる自衛権」を容認した。1951年にも吉田は「自衛権の発動としての戦争」を承認し、52年には「自衛手段の戦力」を肯定し、間もなく否定した。くるくる変わる吉田発言の背景には、彼の反軍的な体験と、なにより再軍備するだけの経済力がないとの理由であった。

1951年9月のサンフランシスコ講和会議による日本の独立は、この占領基本法というべき憲法を改正する千載一遇《せんざいいちぐう》のチャンスであった。しかし、吉田茂首相は憲法96条に基づいて改正の手続きをはかるべきところを、政局を気にしてそうしなかった。

吉田がGHQから草案を突き付けられたとき、側近の白洲《しらす》次郎は「こんな憲法を押し付けやがって」と悔しがった。のちに、作家の石原慎太郎は白洲から、吉田の犯した最大の間違いは「日本の独立がみとめられた講和条約の国際会議でアメリカ製の憲法の破棄を宣言しなかったことだ」と聞かされた（産経新聞2017年5月3日付）。

首相の吉田は、講和会議で念願の平和条約を調印すると同時に、日米安保条約を結んで、「戦争放棄」という憲法の欠陥を安保条約で埋めた。外交官出身の吉田は、新憲法さえも「条約」のように時が来たら改正すればよいと考え、経済復興をすべてに優先したのである（湯浅博『吉田茂の軍事顧問　辰巳栄一』産経新聞出版、220～225頁）。

ストレスに耐えうる体制

それでも、矛盾だらけの憲法を改正すべく、果敢に挑戦しようとした戦後政治家は散見された。実は東京五輪の1964年に、当時の佐藤栄作首相がライシャワー駐日大使と会談して、これら重要案件を実行すべき意思を語っていた。きっかけは、先に述べた中国が核実験を強行したというニュースからだ。佐藤が安倍首相の祖父、岸信介の弟であることはいうまでもない。

アメリカ国立公文書館の「首相訪米関係資料」では、佐藤首相が「いまは機がまだ熟していないが、憲法改正が必要だと何度も繰り返した」とライシャワーが証言している。さらに防衛庁を省に格上げする問題にも、「まだ時間がかかると認めた」として積み残しへの苦渋が分かる（加瀬みき『大統領宛 日本国首相の極秘ファイル』毎日新聞社、24頁）。

すなわち、第1次安倍政権が決断した「省」への格上げには40年以上の歳月を要していたのである。もはや、「防衛省」の存在にはおおむね疑問をはさまないだろう。日本国憲法もまた施行から70年をへており、改正のない憲法としては世界最古なのだ。だから、安倍首相が憲法改正を目指すのも、自民党の改正案が、改正後に自衛隊を「国防軍」へと名実ともに変更することも、自立国家として自然の流れなのである。

60年代に核実験をした中国が、今度は日本の施政権下にある尖閣諸島を奪い取ろうともくろむ。背景にあるのは、自らの「戦力」すら否定する日本への軽視と、リーマン・ショック後のアメリカ衰退に対するおごりである。〝成り上がり大国〟にありがちな傲慢《ごうまん》さと軽率さであろう。日本に必要なのは、領土を守る覚悟と備えである。国境が陸続きのヨーロッパのように、隣国の恒常的な圧力のストレスに耐えるだけのことだ。かつてアメリカのレーガン政権は国防費を増やして対ソ防衛を固めた。安倍政権もまた、防衛費のGDP比1％枠をはずし、かつ憲法を改正し、粛々と対中防衛の抑止力を強化すればよい。

9条は日本を危険にさらす

その安倍政権を俯瞰《ふかん》してみると、レーガン大統領ばりの「バック・トゥー・ザ・フューチャー」現象が顔をのぞかせているのではないかと思われる。マイケル・J・フォックスが主人公の同名の人気SF映画をご覧になった方はご記憶だろう。マイケルが過去にタイムスリップして活躍することから、アメリカの政治評論家がレーガン政治をそう喩《たと》えた。未来に向けて過去を復元したり、過去の懸案を処理したりすることを指している。

第1次安倍政権は、わずか1年の内に憲法改正に向けて国民投票法をつくり、懸案の教育基本法を成立させ、防衛庁を省に昇格させた。明らかに彼は、過去の積み残してきた綻《ほころ》びを修復している。レーガンの戦略目標が、やがてソ連を崩壊させ、評価を一変させたのは周知のとおりだ。ひるがえって、安倍首相が憲法施行70周年にして改正に意欲を示し、「２０２０年に新憲法施行を」を掲げた。これこそが、未来に向けて積み残した過去を修復する「バック・トゥー・ザ・フューチャー」そのものである。

安倍首相が当初、目標とした「２０２０年」は、安全保障上も微妙な年にあたる。64年の東京五輪の際に中国が初の核実験を強行したように、２０２０年東京オリンピック・パラリンピックの際にもまた、国際政治の地殻変動が起こる懸念がある。地域覇権を狙う中国は、２０２０年までを「戦略的好機」としているのは前述したとおりだ。非核化に動き出した北朝鮮も、金正恩《キムジョンウン》体制が続く限り、いつまた対外強硬策に転じるか分からない。

そのタイムリミットに向けて、南シナ海と東シナ海、それに朝鮮半島はいま以上に緊張をはらみ、近接する日本は間違いなくその対応が問われるだろう。米紙ウォールストリート・ジャーナルの社説は、安倍首相の憲法改正に向けた決断を評価しながら、「いまや第9条は、日本を危険にさらしつつある」と逆説的に論評していた（Wall Street Journal, May 8, 2017）。中国の軍事的な恫喝や北の核開発の前に、「日本が直接的な攻撃をうけなくとも、合同の軍事行動に参加できるよう攻撃能力を備えた軍が日本には必要である」と指摘した。同紙は集団的自衛権を行使するために、防衛力に加えて攻撃力をもって抑止力を強化するよう強調していたのである。

敗戦後の吉田茂首相は、軽武装路線によって財源を戦後復興に集中投入した。しかし、経済復興後もアメリカの庇護《ひご》に甘えたまま、この吉田路線を見直すことを怠《おこた》った。70年代には逆に三木武夫首相が防衛費の「GNP比1％枠」をはめて、大衆に迎合してしまった。軍事大国に囲まれた日本が、1％の防衛予算で撃退できるという保証はどこにもない。現在の自衛隊が世界でも有数の軍であるにも拘わらず、日本国民のアメリカへの依存心という悪弊《あくへい》が抜けきれない。

安倍外交はしなやかな現実主義である。首相がたびたび行う東南アジアの歴訪は、中国に対する牽制《けんせい》として有用であった。フィリピンやベトナムは日本再軍備を望み、インドネシアは「日米同盟は公共財」と公言する。もはや中国が「日本軍国主義の復活」といっても、誰も信用せず、それが日本の影響力を封じようとする方便でしかないことが明白になっている。

日本外交は「君子ノ交ワリ」

上智大学名誉教授の故・渡部昇一氏は、終始、安倍首相の政治・外交政策を支持してきた保守の論客であった。おそらく病の床で、首相による憲法改正への意欲を聞いていたであろう。いまとなっては、渡部氏が5月の首相提案をどう思われていたかは分からない。安倍提案をベースに、政治家たちが「国を思う心」を持って、どこまで2項に切り込めるかを見極めたかったのではないか。

生前の渡部氏は、憲法前文にある「平和を愛する諸国民」に信頼して、「われらの安全と生存を保持しようと決意した」とは何事か、と怒っていた。どこに祖国の生存を外国にまかせる国があるのか。隣の諸国民は「敵性の顕《あらわ》な国々」ではないのか。そして渡部氏は、安保法制を否定した憲法学者たちに「日本の安全保障が日本が占領下にあった時と同じでよいのですか」と繰り返し問いかけていた（渡部昇一『知の湧水』WAC、35〜37頁）。

憲法にいう「諸国民」とのつきあいについては、「君子ノ交ワリハ淡キコト水ノ如シ」と、距離を置いて淡々と交わることを推奨している。至言であろう。外に対しては淡々と、内にあっては抑止力を固めておくに如《し》くはない。軍事オプションは、将来の大規模な悲劇を回避するため、目前の中規模な悲惨を覚悟する事態であり、それらを避けるのが抑止力の強化である。本書〈予測年表〉と〈歴史年表〉で示されたパクス・シニカへの工程表を見る限り、抑止力を固めるために残された時間は少ない。

あとがき

もう20年以上にわたり、日米関係についての出来事を時系列的に記録することが習慣になっている。日米首脳会談の共同声明のほか、米ランド研究所などシンクタンクの報告書まで含むから膨大な資料の蓄積になる。これら「日米関係データ」を書き足していくうちに、いつの間にか中国に関する情報が多くを占めるようになってきたことに気づく。

こうした歴史年表に加えて、将来を予測する米シンクタンクの報告書も増えてくる。これらを詳細に見ていくと、戦後アメリカが築いてきたパクス・アメリカーナが徐々に後退し、中国がその経済力を背景にパワーを掌握していく流れが浮かんできた。本書の巻末に掲載した「歴史年表」と「予測年表」は、その一部を抜き出している。

国際潮流のパワーシフトを分析するには、これら時間軸をたどるほかに、地球上を緯度経度で俯瞰《ふかん》してみなければならない。たとえば、北極点と南極点を結ぶ地球表面のライン、子午線（経線）を考えてみる。子午線のスタートライン、つまり「経度0」をどこに置くべきかをめぐっては、19世紀帝国主義の時代に各国間で「ゼロ分捕《ぶんど》り合戦」が起こった。そこは力関係だから、1884年に当時の覇者であるイギリスの旧グリニッジ天文台を通る線に統一されてきた。ちなみに、日本の標準子午線は東経135度の明石《あかし》を通る。

これに不満なフランスは、その後の30年間はパリ基準の「経度0」を独自に使う。映画『ダ・ヴィンチ・コード』に、パリの本初子午線《ほんしょ》が随所に登場するのはそのためである。ところが、いまも古い時代精神のまま「経度0」を求める国があるから厄介なのだ。習近平の中国は、あたかも北京を本初子午線として、「諸民族の中で聳《そび》え立つ」ことを誓う。

中国はいま、西太平洋に19世紀の権力思考を持ち込み、これを警戒する日米に「冷戦思考はやめよ」と逆切れのポーズをとる。自由主義の国家は、特定の大国が暴力で優越的な地位を占めることを阻止し、相互に均衡した力で平和を維持しなければならない。国家の抑止力がなくなると、大国が力の空白を埋めようとするからだ。

東アジアをめぐる国際政治の潮流はますます厳しさ、速さを増していく。そうした中、国家基本問題研究所（櫻井よしこ理事長）での熱のこもった討議や、産経新聞論説委員室の議論は貴重な機会であった。本書の政策提言へのヒントになったことに、改めて感謝したいと思う。そして、編集に尽力をいただいた飛鳥新社出版部の工藤博海氏にお礼を申し上げたい。

2018年9月

湯浅　博

＜パクス・シニカへの年表＞

	アフリカ26カ国で2017年から2050年までに人口が２倍に
2060年	インドの人口はこの年まで増加を続ける
2075年	インド人口の高齢者比率が20%超え
2100年	米国の人口が4.5億人へ――再び米国が対中優位の可能性
	日本の人口8500万人を切る
	インドの人口15億1700万人
	中国の人口10億2100万人
	（国連「世界人口予測」2017年）

§ 予測年表 §

2016年：潜水艦66隻　主要水上艦艇237隻　　計303隻
2020年：潜水艦69 ～ 78隻　水上艦244 ～ 264隻　　計313 ～ 342隻
2030年：潜水艦99隻　水上艦316隻　　計415隻

2035年　社会主義現代化の実現――2つ目の100年中間目標
2035年までに国民１人当たりGDPで日米と並び追い越すとともに人民解放軍の「現代化を基本的に実現」
（第19回中国共産党大会の習近平演説）

2036年　中国が超高齢社会に突入（高齢化率21％）

2040年　中国のGDPが米国の3倍規模に（IMFの世界経済Outlook 2016/10）
日本の高齢世帯の４割が独り暮らしになる
（2018年の国立社会保障・人口問題研究所「日本の世帯数の将来設計」）

2045年　中国の人口が2017年のレベルを下回る

2049年　中華人民共和国創建100年――2つ目の100年奮闘目標
「社会主義現代化国家」を実現（2013年の全国人民代表大会）
21世紀中葉までに社会主義現代化強国を実現
（第19回中国共産党大会の習近平演説）
:M・ピルズベリーのいう「世界覇権100年戦略」と時期が一致
21世紀中葉までに人民解放軍を「世界一流の軍に全面的に築く」
（第19回中国共産党大会の習近平演説）

2050年　「一帯一路」沿いの国々が世界経済成長の80％？
（米McKinsey＆Companyの予測と疑念）
中国総人口の3割以上が高齢者に――超高齢化社会の到来
（2016年日本の高齢者割合27.3%だから、中国の少子高齢化が最悪に。いびつな人口形態と無策で、暗い未来予測）
ナイジェリアが米国人口を上回る。2017年の世界第７位から第３位に（国連「世界人口予測」2017年）

	Threat"「2020年までに台湾侵攻の準備を終える」中国内部文書を引用（プロジェクト2049研究所、2017年10月）
	中国軍研究者「台湾統一の時期は20～25年」
	中国のハイテク強国実現「中国製造2025」計画達成期
	中国の総人口が頭打ちとの予測――超老人大国の出現（高齢化率14・2％。モルガン・スタンレーによれば、2015年に働き手が頭打ちとなるため、米国を追い越せない）
2027年	中国がGDPで米国を上回るとの予測
	（ゴールドマン・サックス：当初2041年に超えるとしていたが2008年問題で前倒し）
	（中国国際経済交流センター副総エコノミストの徐洪才も）
	多数説は2030年前後の逆転：丸紅経済調査チームの予測など
	IMF（国際通貨基金）本部がワシントンから北京へ移転
	（ラガルドIMF専務理事が示唆：本部は最大の出資国に置くため）
2029年	インドがGDPで日本を抜き世界3位へ（米外交問題評議会シニア・フェローのAlyssa Ayres『Foreign Affairs』11～12月号/2017年）
	中国の総人口14.5億人でピーク（国連「世界人口予測」2017年）
2030年	中国の人口が急減へ（高齢者数を上乗せしながら、若年者数が減る）
	AI（人工知能）で世界をリードする
	(2030年を目標とした「新世代AI開発計画」)
	宇宙ステーション完成で「宇宙強国」目標
	(22年前後に有人宇宙ステーション完成目指す)
	国産空母4隻保有との予想（米海軍大学、エリクソン教授）
	米海軍大学ホームズ教授：中国海軍は空母7隻が妥当との説
	中国主要艦艇415体制：米海軍大学の将来予測（米海軍を355隻体制とした算定基準、Andrew Ericson, "Chinese Naval Shipbuilding", Jan, 15, 2017）

§ 予測年表 §

2020年	東京五輪・パラリンピック開催
	改正日本国憲法の施行（2017年　安倍晋三首相の発言）
	（2021年の中国共産党100周年前年として）小康社会の全面的完成の決勝期。ややゆとりある社会（小康社会）を実現する（第19回中国共産党大会の習近平演説）
	第13次5か年計画の2020年までにGDP世界の5分の1達成、世界最大の消費市場へ
	2020年までに人民解放軍の「機械化を基本的に実現」（第19回中国共産党大会の習近平演説）
	総合国力で世界第2位になると予測――胡鞍鋼、門洪華（米国がテロと核拡散に気を取られる「戦略的好機」2000~2020年）
	中国の個人資産が米国を追い越す（「米中戦争前夜」）
	中国の国産空母001A型「山東」が就役（NY Times/2017/4/28）
	中国の年金制度が財政逼迫から破綻寸前。年金不払いが起きれば、政府への不満爆発の恐れ（北京大学の李建新教授）
	米大統領選挙――トランプ政権の行方
2021年	中国共産党の創設100年
	小康社会の全面的完成――1つ目の100年奮闘目標（第19回中国共産党大会の習近平演説）
2022年	有人宇宙ステーションの完成
2023年	中国のGDPが米国経済に並ぶ（IMFの世界経済Outlook 2016/10）
2024年	インドの人口が中国抜いて世界一に（国連「世界人口予測」2017年）
	日本総人口の3割が65歳以上（団塊世代が75歳以上―2025年問題）
2025年	中国の国防費が米国防費を追い抜く（IISS〔英戦略研究所〕予測）
	イアン・イーストン『中国侵略の脅威』“The Chinese Invasion

	その2、アメリカ大統領選でトランプ氏の勝利
	その3、中国が国際仲裁裁判所のクロ裁定を「紙クズ」と無視
	第13次5か年計画：2020年までに世界のGDPの20％に
2017年	4/26　国産空母001A型「山東」進水
	（次の2番艦「002型」は2021年に進水予定）
	4/28　中国海軍創設68周年の日、艦隊が「一帯一路」構想の参加20カ国訪問の航海へ
	5/14～15　「一帯一路」フォーラム：ウェストファリア体制で初、非欧州の国がグローバル秩序の中央舞台へ
	10/18 第19回中国共産党大会　習近平2期目の任期（2022年まで。2023年以降も最高指導者として君臨する野望？）
	習演説：2050年までに「中華民族が世界の諸民族の中に聳え立つ」
	習会見：「太平洋には中国と米国が受け入れるには十分な空間がある」
	党規約：「2つの100年の奮闘目標の実現」
	17年末までに人民解放軍230万人を200万人に（30万人削減）。削減は地上部隊、海軍は235,000人から15％増
	トランプ大統領「国家安全保障戦略」を公表
	：アメリカ・ファーストと力による平和。中国、ロシアは自由主義秩序を阻害する「修正主義国」と定義
2018年	マティス国防長官「国家防衛戦略」を公表
	：対テロ戦争より「大国間の戦略的競争」と中露を名指し、「略奪的経済を使用するライバル強国」と規定
	米政府「核戦略体制の見直し」を公表
	：ロシアの戦術核に対抗して核抑止力の強化
2019年	研究開発費がアメリカを抜き世界1位に（OECD調べ）
	特許、商標、インターネット分野でも世界1位へ

	「シルクロード経済ベルト」「21世紀海洋シルクロード」の提案
	11/23 東シナ海にADIZ（防空識別圏）を設定
	全国人民代表大会で習近平「2つの100年」目標を発表「中国の夢」
	：共産党創設100年の2021年までに「小康社会」を実現
	：中華人民共和国創建100年の2049年に「社会主義現代化国家」を実現
	習近平が現代版シルクロード「一帯一路」構想を発表
	12/26 安倍首相靖國神社参拝
2014年	1/22 安倍首相ダボス会議で尖閣の緊張を第1次大戦前の英独にたとえる
	中国が日本悪者説「軍国主義復活」懸念のプロパガンダ開始
	5/30 安倍首相「アジアの平和と繁栄よ、永遠なれ」基調講演
	：「法の支配」の流れつくる
	8/31 米国が世界1位の産油国に復帰――シェールオイル効果
2015年	2月 『China 2049』刊行――秘密裏に遂行される世界覇権100年戦略の衝撃（米ハドソン研究所中国戦略センター所長・マイケル・ピルズベリー）
	“中国は2049年までに米国に代わって世界の支配国になる”
	4月 防衛ガイドライン再見直し「日米防衛協力のための指針」
	：突発的なミサイル攻撃等、中国への対処、東シナ海を想定――小競り合いから発展する危険
	中国国防白書で「2つの100年」が軍事戦略の前提として理解
	中国が危機意識から1人っ子政策を廃止決定
	（16/1/1から2人目出産認める。改善は数十年後までなし）
	日本の総人口が減少に転じる
	（総人口1億2709万5000人。5年前の調査時より96万3000人の減少）
	10/27 米イージス艦ラッセン、南シナ海の人工島12海里内に進入
2016年	「2016年の衝撃」その１、イギリス国民投票で「EU離脱」過半数

＜パクス・シニカへの年表＞

2001年	9/11　米中枢同時多発テロ——2006年のQDRまで「中国」は脇に
	中国がSCO（上海協力機構）設立
	12月　中国がWTO（世界貿易機関）への加盟を果たす
2005年	趙汀陽著『天下体系—世界制度哲学導論』刊行
	:「優れた中国文明」に基づき世界構造を作り直す
2006年	11/30　麻生太郎外相「自由と繁栄の弧」を打ち出す
	（日本国際問題研究所の講演）
2008年	3月　中国海軍幹部が米に「太平洋の米中分割管理」を提案
	（太平洋軍のキーティング司令官が米上院軍事委で証言）
	9月　リーマン・ショックの大惨事　⇒金融危機
2009年	中国が南シナ海の「９段線」地図を国連に提出
2010年	劉明福大佐著『中国の夢』刊行、ベストセラーに
	「100年マラソン」、正しい国際秩序で中国を活性化させる
	「中国の最大の目標は、世界一の強国になることだ」と明示
	中国がGDPで日本を追い越し、世界2位の経済大国へ
	8/31 米国のシェールオイル開発が本格化
	9/7　尖閣諸島沖で中国漁船による海保巡視船体当たり事件
2011年	3/11 東日本大震災
2012年	中国の「生産年齢人口」15～59歳、建国後初めて前年を下回る
	（国家統計局が2013年1月発表）
	（大和総研：働き手が頭打ち、1人っ子政策のツケ）
	空母「遼寧」就役
	11/29 習近平「中国の夢」「2つの100年」目標に言及
	（共産党総書記に就任直後の視察先で）
	12/26　第2次安倍晋三政権がスタート
2013年	3/14　習近平が国家主席に就任
	習近平9月カザフスタンと10月のインドネシアで演説

〈パクス・シニカへの年表〉

§ 歴史年表 §

1840年	アヘン戦争から1949年までの100年　⇒「屈辱の世紀」
1949年	毛沢東の中華人民共和国成立前の暫定国会 「中国人民は立ち上がった」演説：「中国人民は二度と侮辱されることはない。国防を強化して、いかなる帝国主義国家に対しても、わが国土を二度と侵犯することを許さない」
1950年	6/25 朝鮮戦争が勃発――53年7月に休戦 中国は1950年代半ば、国家戦略として核開発を推進 （平松茂雄『日本は中国の属国になる』）
1964年	10/10~24　東京オリンピック 10/16　中国が初の核実験を断行
1971年	7月　米中接近――大統領訪中計画のニクソン・ショック
1978年	11月　日米防衛ガイドライン「日米防衛協力のための指針」 ソ連の日本侵攻を想定
1989年	6/4 天安門事件――民主化運動に対する武力弾圧 11月「ベルリンの壁」崩壊
1991年	8月　冷戦の終わり――ソ連共産党の消滅
1992年	中国領海法「領海及び接続水域法」で領有権を成文化
1996年	台湾海峡危機――台湾の総統選挙
1997年	米国防総省QDR（4年ごとの国防見直し）で中国を「対等な競争相手」と記述 9月　日米防衛ガイドライン見直し「日米防衛協力のための指針」：朝鮮半島有事を想定
2000年	米議会が国防総省に「中国の軍事力に関する年次報告書」を要求

湯浅　博（ゆあさ・ひろし）

国家基本問題研究所主任研究員、産経新聞客員論説委員。1948年、東京生まれ。中央大学法学部卒、プリンストン大学公共政策大学院Mid-Career Program修了。産経新聞入社後に政治部、経済部を経てワシントン特派員、外信部次長、ワシントン支局長、シンガポール支局長、産経新聞特別記者・論説委員を歴任。2018年6月より現職。

主な著書に『覇権国家の正体』（海竜社）、『歴史に消えた参謀 吉田茂の軍事顧問 辰巳栄一』(文春文庫)、『全体主義と闘った男 河合栄治郎』（産経新聞出版）ほか多数。

中国が支配する世界
——パクス・シニカへの未来年表

2018年10月11日　第1刷発行

著　　者　湯浅　博
発 行 者　土井尚道
発 行 所　株式会社　飛鳥新社
〒101-0003　東京都千代田区一ツ橋 2-4-3　光文恒産ビル
電話　03-3263-7770（営業）　03-3263-7773（編集）
http://www.asukashinsha.co.jp
カバーイラスト　佐藤　正
装　　幀　神長文夫＋松岡昌代
印刷・製本　中央精版印刷株式会社

ISBN 978-4-86410-621-4

図表作成　ハッシイ

編集担当　工藤博海